**Małgorzata Małolepsza
Aneta Szymkiewicz**

PODRĘCZNIK STUDENTA

Podsystemy języka

Strona	Numer i tytuł lekcji	Funkcje i sytuacje komunikacyjne, pojęcia ogólne	Słownictwo	Gramatyka i składnia
6	0. Proszę powtórzyć!	– nawiązywanie kontaktu – formuły powitalne i pożegnalne	– formuły powitalne i pożegnalne – ważne zwroty	– terminologia gramatyczna po polsku
10	1. Jak masz na imię?	– nawiązywanie kontaktu – przedstawianie się – pytanie o samopoczucie – wyrażanie samopoczucia	– liczebniki 1 – 10 – nawiązywanie kontaktu – imię i nazwisko, adres – pytanie i wyrażanie samopoczucia (*Jak się masz?*)	– pytania o informację (*Skąd on jest?*) – pytania o rozstrzygnięcie (partykuła *czy*) – odmiana czasowników *być, mieć, mieszkać* – przysłówki, zaimki osobowe
16	2. Mam pytanie. Co to jest?	– zadawanie pytań – określanie cech osób	– liczebniki 11 – 23 – internacjonalizmy (przymiotniki) – opis wyglądu i charakteru	– pytania o informację (*Kto to jest? Co to jest?*) – mianownik rzecz., przym. l. poj. w funkcji podmiotu – koniugacja -m, -sz – konstrukcja *mówić po polsku* w opozycji do *znać język polski*
24	3. Kim jesteś?	– zadawanie pytań – przedstawianie się cd.	– narodowości – zawody i zajęcia – przymiotniki określające pochodzenie	– orzeczenie imienne z orzecznikiem w mianowniku i narzędniku l. poj. i l. mn. przym., rzecz. – koniugacja -ę, -isz
32	4. Czy masz brata?	– pytanie o wiek – pytanie o adres e-mailowy – informacje o rodzinie	– liczebniki 20 – 100 – wiek – rodzina i stosunki osobiste – adres internetowy	– biernik l. poj. przym., rzecz., zaimków w funkcji dopełnienia bliższego – zaimki dzierżawcze w mianowniku – zasady podawania wieku: *lat, lata*
42	5. Co lubisz robić?	– wyrażanie upodobania – uzasadnianie – wyrażanie relacji czasowych – pytanie o informacje	– czasowniki opisujące hobby – przysłówki określające częstotliwość	– struktury: *interesować się* + narzędnik; *lubić* + biernik; *lubić* + bezokolicznik – czasowniki typu *-ować* – czasowniki modalne – zestawienie koniugacji
50	6. Proszę rachunek.	– pytanie i podawanie numeru telefonu – wyrażanie upodobań kulinarnych (*lubię...*) – sytuacje w kawiarni i restauracji – pytanie o informację i pozwolenie (*Gdzie jest...?, Czy mogę...?, Czy tu można...?*)	– liczebniki 100 – 1000 – nazwy żywności, dań i potraw – nazwy napojów	– podawanie cen (*złote – złotych, grosze – groszy*) – powtórzenie odmiany czasowników *jeść, pić* oraz biernika – narzędnik w wyrażeniach przyimkowych po przyimku *z*
58	7. Zwykle nic nie robię.	– wyrażanie relacji czasowych – wyrażanie możliwości, zdolności	– rutyna dnia codziennego – pory dnia, godziny – nazwy dni tygodnia – środki komunikacji	– odmiana czasowników *iść, myć się, spać* – czasowniki ruchu (*iść / chodzić; jechać / jeździć*) – zestawienie czasowników *umieć, wiedzieć, znać* – biernik i narzędnik po czasownikach *spotykać się / spotykać się z* – narzędnik zaimków osobowych l. poj. i l. mn. – liczebniki porządkowe 1 – 24
66	8. Może pójdziemy do kina?	– proponowanie, przyjmowanie i odrzucanie propozycji spotkania – wyrażanie relacji godzinowych (*o, od, do*) – pytanie o informację (dworzec, hotel) – zamawianie taksówki – pomyłka telefoniczna	– powtórzenie nazw czynności codziennych i dni tygodnia – nazwy rodzajów pociągów	– dopełniacz l. poj. przym., rzecz. i zaimków w wyrażaniu kierunku (*do*) i w wyrażaniu negacji – biernik po wyrażeniu przyimkowym w pytaniu o cel (*na co?*)
76	9. Robimy zakupy.	– zakupy w sklepie spożywczym – zakupy w sklepie odzieżowym – wyrażanie preferencji, negacji, uznania – komplementowanie	– nazwy sklepów i punktów usługowych – nazwy miar, ilości – nazwy ubrań, kolorów – idiomy (*czarna owca, jasne jak słońce, być zielonym z / ze..., czerwony jak burak*)	– dopełniacz l. mn. w określeniu ilości oraz jako forma dopełnienia bliższego po czasownikach zaprzeczonych – celownik zaimków osobowych (*podoba mi się*) – powtórzenie biernika (*nosić, mieć na sobie*)
84	10. To już było!	– wyrażanie relacji czasowych (przeszłość) – relacjonowanie	– nazwy miesięcy w miejscowniku – okoliczniki czasu	– czas przeszły (aspekt niedokonany) z okolicznikami czasu (*Jak długo?, Jak często?*) – odmiana czasowników *iść, móc, jeść*, typu *-eć* w czasie przeszłym

Sprawności językowe

Rozumienie ze słuchu	Rozumienie tekstów pisanych	Mówienie	Pisanie	Materiały autentyczne
– wymowa i akcent	– krzyżówka	– wymowa i akcent	– ortografia: polski alfabet	– mapa Polski – krzyżówka
– intonacja – pierwsze kontakty – odbieranie faktury VAT (dane osobowe)	– quiz *Czy wiesz, skąd oni są?*	– pytanie o samopoczucie – ankieta osobowa – przedstawianie się	– ankieta osobowa	– książka telefoniczna – skróty w adresie
– krótkie dialogi w stylu oficjalnym i nieoficjalnym – podawanie adresu	– krótkie dialogi w stylu oficjalnym i nieoficjalnym	– opisywanie osób	– ortografia: polski alfabet	– adresy – numery kierunkowe – nazwy województw – mapa administracyjna Polski
– początek teleturnieju – przedstawianie się	– czat w Internecie – quiz *Czy wiesz, kim on / ona jest?*	– ankieta osobowa	– ortografia: nazwy obywateli państw – interpunkcja – ankieta osobowa	– czat w Internecie – teleturniej
– wymowa liczebników – program radiowy *Goście w radiu* – tekst *Sąsiedzi*	– tekst *Moja rodzina*	– prezentacja swojej rodziny	– zapis adresu e-mailowego	– drzewo genealogiczne – adres e-mailowy – adresy polskich stron internetowych
– różne osoby opowiadają o swoim hobby – rozmowy telefoniczne (pytanie o informacje) – wymowa czasowników typu -ować	– ogłoszenia z gazety	– wyrażanie upodobania (hobby) – ankieta *Co robisz w wolnym czasie i jak często to robisz?*		– ogłoszenia z gazety
– liczebniki – nazwy potraw oraz dialogi w kawiarni i restauracji – intonacja i wymowa słów – minidialogi sytuacyjne	– menu kawiarni i restauracji – broszura pizzerii	– dialogi w kawiarni i restauracji	– złożony sposób podawania numeru telefonu	– menu kawiarni i restauracji – rachunek z restauracji – broszura reklamowa z pizzerii – ogłoszenia prasowe – napisy i szyldy
– rozmowa telefoniczna – program kin i teatrów przez telefon – pytanie o godzinę	– tekst *Dzień Ani* – ustalenie kolejności wydarzeń	– opisywanie rutyny dnia codziennego – quiz *Czy wiesz, czy umiesz, czy znasz?*	– wypełnianie kalendarza tygodniowego – tekst *Mój dzień*	– kalendarz tygodniowy – program kin i teatrów przez telefon
– opowiadanie o czynnościach codziennych (*Andrzej mówi o sobie*) – dialogi telefoniczne: umawianie się na spotkanie i wizytę, w informacji PKP, w hotelu, zamawianie taksówki, pomyłka telefoniczna	– program telewizyjny – plan wizyty biznesmena – rozkład jazdy pociągów	– umawianie się na spotkanie – dialogi w informacji PKP oraz w kasie biletowej	– planowanie tygodnia – e-mail – odpowiedź na propozycję spotkania	– program telewizyjny – plan wizyty biznesmena – rozkład jazdy pociągów – bilet na pociąg
– dialogi w centrum handlowym, w sklepie spożywczym i odzieżowym	– oferta sklepu odzieżowego w Internecie	– dialogi sytuacyjne (sklep spożywczy, odzieżowy) – komplementy – opinie o modzie	– opis ubioru	– strona sklepu odzieżowego w Internecie – metki ubraniowe – artykuł o modzie
– akcent w czasie przeszłym (l. mn.) – rozmowa telefoniczna	– e-mail do przyjaciela	– zadawanie pytań i relacjonowanie wydarzeń z przeszłości – *Mój zeszły rok*	– relacjonowanie wydarzeń na podstawie notatki z kalendarza – *Jaki Pan był / Pani była w przeszłości?*	– e-mail do przyjaciela – notatki w kalendarzu

Podsystemy języka

Strona	Numer i tytuł lekcji	Funkcje i sytuacje komunikacyjne, pojęcia ogólne	Słownictwo	Gramatyka i składnia
92	11. Jakie masz plany?	– wyrażanie relacji czasowych (przyszłość) – wyrażanie życzenia	– plany – okoliczniki czasu cd. – postanowienia noworoczne – telefon komórkowy	– czas przyszły (aspekt niedokonany) – zestawienie i powtórzenie czasów
100	12. Gdzie jesteś?	– określanie lokalizacji – zwracanie czyjejś uwagi (w pytaniu o drogę) – wyrażanie przekonania – uzasadnianie	– położenie geopolityczne Polski – nazwy kierunków świata – nazwy obiektów w mieście – nazwy zabytków	– miejscownik przymiotników, rzeczowników i zaimków osobowych w wyrażeniach przyimkowych określających miejsce, czas (*w, na, przy, po*) oraz przedmiot rozmowy (*o*)
108	13. Jadę na urlop!	– pytanie o informację – wyrażanie upodobania – wyrażanie relacji w przestrzeni (kierunek)	– urlop – dworzec, lotnisko, hotel, kemping, biuro podróży	– dopełniacz, biernik, narzędnik i miejscownik w wyrażeniach przyimkowych (*do, u, na, nad, w*)
116	14. Szukam mieszkania.	– pytanie – wyrażanie relacji w przestrzeni (miejsce)	– urządzanie i wyposażenie mieszkania – rodzaje pomieszczeń – wynajmowanie mieszkania, pokoju (rodzaj, położenie)	– dopełniacz, narzędnik i miejscownik w wyrażeniach przyimkowych (*obok, naprzeciwko, nad, pod, przed, za, między, w, na, po*) – mianownik l. mn. rodzaju niemęskoosobowego rzeczowników i przymiotników
122	15. Wszystko mnie boli!	– wyrażanie opinii na temat pogody i pór roku, wyglądu oraz zdrowia – rejestracja w przychodni – wizyta u lekarza – udzielanie rady	– nazwy zjawisk atmosferycznych i pór roku – nazwy części ciała – nazwy objawów choroby	– zróżnicowanie przymiotnik / przysłówek – struktura *boli / bolą mnie*
130	16. Urodziłem się w Polsce.	– wyrażanie relacji czasowych w przeszłości (proces, fakt)	– biografia	– czas przeszły (aspekt dokonany) – zestawienie czasów
134	17. Sport to zdrowie?	– pytanie o sposób spędzania czasu wolnego – wyrażanie opinii i preferencji – pytanie o informację	– nazwy dyscyplin sportowych, zawodników i czasowniki związane ze sportem	– rzeczowniki odczasownikowe – wyrażenie *coś zajmuje mi...*
142	18. Czy lubisz uczyć się języka polskiego?	– zadawanie pytań – wyrażanie upodobania – wyrażanie opinii	– nauka – kursy, szkolenia – pamięć	– dopełniacz, biernik, narzędnik w funkcji dopełnienia bliższego (po czasownikach *uczyć się, zajmować się, interesować się* itp.)
146	19. Wszystkiego najlepszego!	– relacjonowanie: tradycje w Polsce i w innych krajach – składanie życzeń oficjalnych i nieoficjalnych	– nazwy świąt i tradycji: Wigilia, Boże Narodzenie, Wielkanoc, imieniny, urodziny	– struktura *życzyć* + celownik + dopełniacz
152	20. To jest moja wizytówka.	– wygłaszanie krótkiego oficjalnego przemówienia – prośba o pomoc – rozwiązywanie problemów z urządzeniami biurowymi	– słownictwo związane z organizacją przedsiębiorstwa – nazwy urządzeń biurowych – słownictwo komputerowe	– słowa obce w języku polskim

Sprawności językowe

Rozumienie ze słuchu	Rozumienie tekstów pisanych	Mówienie	Pisanie	Materiały autentyczne
– pytanie o informacje (kupowanie telefonu komórkowego)	– horoskop roczny	– pytanie o plany – opisywanie swoich planów – wyrażanie przypuszczenia na temat przyszłości – pytanie o informacje – kupowanie telefonu komórkowego	– postanowienia noworoczne – tekst *Świat w przeszłości, teraźniejszości i przyszłości*	– postanowienia noworoczne – SMS-y po polsku – tabela taryf telefonicznych – horoskop roczny
– dialogi sytuacyjne (ulica, muzeum, galeria, centrum informacji kulturalnej, punkt sprzedaży biletów MPK) – opinie: co można robić na wyspie Relaksandii?	– tekst *Zwiedzamy Małopolskę*	– pytanie o drogę – prezentacja atrakcji wyspy Relaksandii – prezentacja atrakcji turystycznych regionu / kraju	– plan nowego miasta	– mapa geograficzna Polski – plan miasta – tekst o Małopolsce – napisy i szyldy w mieście
– typowe dialogi w sytuacji podróży – telefoniczna rezerwacja pokoju w pensjonacie	– oferty turystyczne – rozkład jazdy pociągów – pocztówki z wakacji	– rozmowa na temat sposobu spędzania urlopu – uzasadnianie wyboru (dopasowywanie oferty turystycznej do osoby) – telefoniczna rezerwacja pokoju w pensjonacie	– list do biura podróży z pytaniem o informację – pocztówka z wakacji – wypełnianie formularzy	– oferty turystyczne z gazety i z Internetu – rozkład jazdy pociągów – pocztówki z wakacji – formularz internetowej rezerwacji pokoju w hotelu – list do biura podróży
– nagrania na automatycznej sekretarce – pytanie o informację	– spis treści z katalogu domu meblowego – artykuł z gazety – oferty z gazety (sprzedaż, kupno, wynajem)	– opisywanie swojego domu, mieszkania, pokoju – porównywanie dwóch rysunków pokoju: *Znajdź 12 różnic między tymi rysunkami*	– ogłoszenie do gazety (*Szukam mieszkania*) – folder reklamowy na targi mieszkaniowe – projekt strony internetowej sklepu meblowego	– spis treści z katalogu domu meblowego – artykuł z gazety – oferty z gazety (sprzedaż, kupno, wynajem) – list do redakcji – nagrania na automatycznej sekretarce
– prognoza pogody – rozmowa na przyjęciu – dialog telefoniczny w rejestracji przychodni – dialog u lekarza	– list czytelniczki do redakcji czasopisma z prośbą o radę – broszura klubu fitness	– opinie o klimacie i pogodzie – opinie na temat wyglądu	– odpowiedź na list czytelniczki do redakcji czasopisma (rubryka *Mam problem*)	– prognoza pogody – list do redakcji – broszura klubu fitness
– informacja z radia o przyznaniu nagrody	– artykuł z gazety *O nich się mówi* – notki biograficzne laureatów Paszportów *Polityki* 2002	– zadawanie pytań dotyczących przeszłości – rozmowa na temat przeszłości	– prosta wersja życiorysu – projekt strony internetowej z życiorysem pracownika firmy	– artykuł prasowy – notki biograficzne laureatów Paszportów „Polityki" 2002
– wyniki ankiety *Ile czasu codziennie zajmuje ci...?* – rozmowa telefoniczna *Na pływalni* – wiadomości sportowe	– definicje dyscyplin sportowych – artykuły prasowe o Otylii Jędrzejczak i Adamie Małyszu	– opinie o sporcie – co zajmuje ci za dużo czasu?	– tworzenie regulaminu (reguły sportowe)	– ankieta *Ile czasu codziennie zajmuje ci...?* – ogłoszenia rubryki *Sport* – teksty o polskich sportowcach: Otylii Jędrzejczak i Adamie Małyszu
– fragment audycji radiowej	– tekst *Jak funkcjonuje pamięć?* – ogłoszenia z gazety (nauka, kursy, szkolenia) – podanie o przyznanie stypendium	– rozmowa na temat uczenia się – wybór kursu spośród ofert prasowych i uzasadnienie tego wyboru	– podanie o przyznanie stypendium	– podanie o przyznanie stypendium – ogłoszenia o kursach i szkoleniach – formularz oceny własnych kompetencji językowych
– opinie na temat tradycji wielkanocnych – piosenka *Sto lat*	– tekst *Wielkanoc dzisiaj* – pocztówka świąteczna – artykuł *100 powodów, dla których warto żyć w Polsce*	– opowiadanie o tradycjach w rodzimym kraju – składanie życzeń	– kartka z życzeniami	– kartka z życzeniami – tradycje polskie – piosenka *Sto lat* – artykuł *100 powodów, dla których warto żyć w Polsce*
– przemówienie – dialog w biurze	– quiz *Czy jesteś gotowy, aby mieć własną firmę?* – artykuł *Mała płotka czy duży rekin?* – artykuł *Przedstaw się z klasą*	– dyskusja o przedsiębiorstwach (konkurencja, wady i zalety różnych typów firm) i o karierze – przemówienie	– wizytówka – przemówienie	– quiz *Czy jesteś gotowy, aby mieć własną firmę?* – artykuł *Mała płotka czy duży rekin?* – artykuł *Przedstaw się z klasą*

Wymowa

7 Proszę przeczytać z kolegą / koleżanką dialogi. W których z nich użyto języka oficjalnego, nieoficjalnego i uniwersalnego?

lekcja 0

	A	B	C	D	E	F	G	H
język oficjalny	x	x					x	
język uniwersalny	✓	x	x					
język nieoficjalny				x	x	x		x

Gramatyka

GRAMATYKA PO POLSKU

terminy łacińskie	terminy polskie
vocalis	samogłoska
consonantis	spółgłoska
singularis	liczba pojedyncza
pluralis	liczba mnoga
masculinum	rodzaj męski
femininum	rodzaj żeński
neutrum	rodzaj nijaki
verbum	czasownik
infinitivus	bezokolicznik
substantivum	rzeczownik
adiectivum	przymiotnik
adverbium	przysłówek
pronomen	zaimek
praepositio	przyimek
numerale	liczebnik
casus	przypadek
nominativus	mianownik
genetivus	dopełniacz
dativus	celownik
accusativus	biernik
instrumentalis	narzędnik
locativus	miejscownik
vocativus	wołacz
perfectum	czas przeszły
praesens	czas teraźniejszy
futurum	czas przyszły

8 Co to jest?

0. rzeka — czasownik, <u>rzeczownik</u>, przysłówek
1. dzień — przymiotnik, <u>rzeczownik</u>, czasownik
2. dobry — zaimek, <u>przymiotnik</u>, czasownik
3. polski — rzeczownik, <u>przymiotnik</u>, czasownik
4. miasto — przymiotnik, bezokolicznik, <u>rzeczownik</u>
5. powtórzyć — zaimek, <u>bezokolicznik</u>, przyimek
6. gramatyka — bezokolicznik, rzeczownik, czasownik
7. polski — czasownik, zaimek, <u>przymiotnik</u>
8. samogłoska — czasownik, przymiotnik, <u>rzeczownik</u>
9. pytanie — przyimek, <u>rzeczownik</u>, czasownik
10. mówić — <u>bezokolicznik</u>, przymiotnik, zaimek
11. słowo — czasownik, przymiotnik, <u>rzeczownik</u>
12. spółgłoska — czasownik, przymiotnik, <u>rzeczownik</u>
13. nauczyciel — <u>rzeczownik</u>, przymiotnik, czasownik
14. student — <u>rodzaj męski</u>, rodzaj żeński, rodzaj nijaki
15. studentka — rodzaj męski, <u>rodzaj żeński</u>, rodzaj nijaki

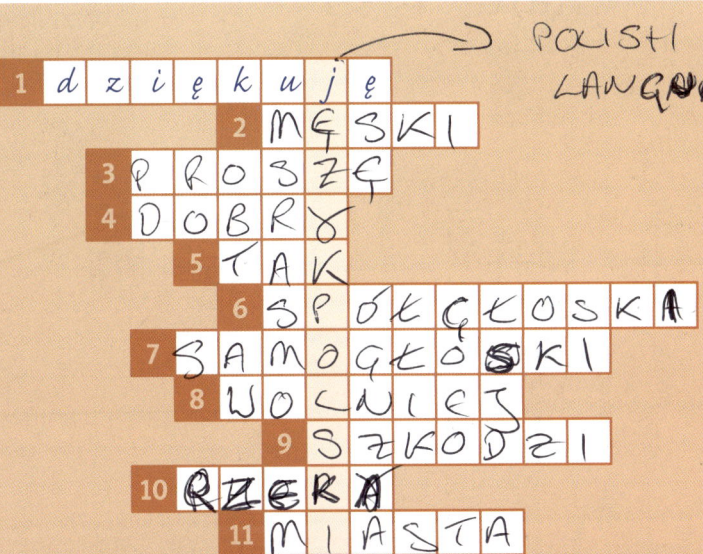

1. – Proszę.
   – DZIĘKUJĘ
2. Rodzaj: żeński, nijaki i MĘSKI
3. PROSZĘ powtórzyć!
4. Dzień DOBRY.
5. nie ≠ TAK
6. r, t, ś, ć, d, b, z, ż, ź
7. a, o, i, y, ę, ą, ó, u
8. Proszę mówić WOLNIEJ!
9. Nic nie SZKODZI
10. Wisła, Odra, Warta, Bug
11. Warszawa, Kraków, Wrocław, Gdańsk

lekcja 1

Sytuacje komunikacyjne nawiązywanie kontaktu, przedstawianie się, wyrażanie samopoczucia
Słownictwo liczebniki 1 – 10, przysłówki określające samopoczucie
Gramatyka i składnia mianownik zaimków osobowych, odmiana czasowników: *być, mieć, mieszkać*
Materiały autentyczne książka telefoniczna, skróty w adresie

Jak masz na imię?

Słownictwo — PRZEDSTAWIANIE SIĘ

Wymowa

1a Proszę przeczytać z kolegą / koleżanką dialogi.

KONTAKT NIEOFICJALNY

– Cześć. Jestem Paweł.
– Cześć. Jestem Ewa. Miło mi.
a

– Cześć. Mam na imię Beata. A ty?
– Mam na imię Anna.
– Bardzo mi miło.
– Miło mi.
c

– Cześć, jak się masz?
– Dobrze, a ty?
– Tak sobie.
d

KONTAKT OFICJALNY

– Dzień dobry.
– Dzień dobry.
– Jak się pani nazywa?
– Nazywam się Mikulska.
– Jak ma pani na imię?
– Mam na imię Katarzyna.
b

– Dobry wieczór. Jak się pan ma?
– Dobrze. A pani?
– Świetnie.
e

PYTANIE	ODPOWIEDŹ
Jak masz na imię? // Jak ma pan / pani na imię?	Mam na imię Jan.
Jak się nazywasz? // Jak się pan / pani nazywa?	Nazywam się Kowalski.
	Nazywam się Jan Kowalski.

KTO?
ja
ty
on / pan
ona / pani

JAK SIĘ MASZ?
JAK SIĘ PAN / PANI MA?
świetnie ☺ ☺ ☺
bardzo dobrze ☺ ☺
dobrze ☺
tak sobie ☺ ☹
źle ☹
bardzo źle ☹ ☹
fatalnie ☹ ☹ ☹

1b Proszę ułożyć z kolegą / koleżanką dwa dialogi: oficjalny i nieoficjalny.

2 Proszę zapytać kolegę / koleżankę:

- Jak masz na imię?
- Jak się nazywasz?
- Jak się masz?

 3 Proszę napisać, jak on / ona się ma?

pan Paweł

pani Krysia

Ania

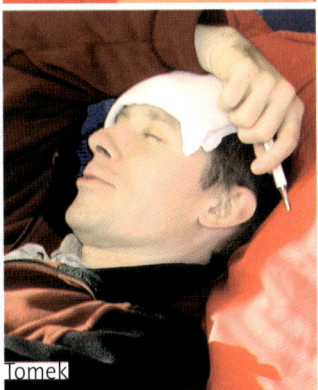
Tomek

Paweł, on ma się świetnie
Krysia, ona ma się dobrze
Ania, ona ma się tak sobie
Tomek, on ma się bardo źle

Wymowa

4 Proszę powtórzyć za nauczycielem.

Jak się nazywasz? – Jak się pan nazywa? – Jak się pani nazywa? – Jak się masz? – A ty? – A pan? – A pani? – Proszę powtórzyć! – Proszę napisać! – Proszę mówić wolniej! – Przepraszam, jak się nazywasz? – Przepraszam, jak się pan nazywa? – Przepraszam, jak się pani nazywa? – Nic nie szkodzi. – Dzień dobry. – Dobry wieczór. – Do widzenia. – Na razie!

CD **5a** Proszę uzupełnić dialogi, posłuchać nagrania i sprawdzić swoje odpowiedzi.

– ...Dzień... dobry.
– Dzień dobry. ...Przepraszam..., jak się pani nazywa?
– Nazywam ...się... Marta Nowak, a jak się pan ...imię X?... Nazywam
– Mam ...na... imię Andrzej. Nazywam się Kowalski.
– ...Miło... mi.
A

– Cześć. ...Jak... się masz?
– ...Dobrze..., a ty?
– Tak ...sobie... .
B

– ...Dobry... wieczór.
– Dobry wieczór. Jak ma ...pan... na imię?
– Jestem Jan. A jak ma pani na ...imię...?
– ...Mam... na imię Monika.
C

– Cześć. Jestem Anka, ...a... ty?
– Piotrek.
– Jak się nazywasz?
– ...Nazywam... się Wójcik.
D

Wymowa

5b Proszę przeczytać z kolegą / koleżanką dialogi.

lekcja **1**

11

lekcja 1

● **Słownictwo** **LICZEBNIKI**

0	zero
1	jeden
2	dwa
3	trzy
4	cztery
5	pięć
6	sześć
7	siedem
8	osiem
9	dziewięć
10	dziesięć

 6 Proszę zapytać kolegę / koleżankę:

Ile jest 2+3?   5 – pięć
Ile jest 6–4?   2 – dwa
2+3 jest ...... itd.   5 – pięć

Wymowa

 7a Proszę posłuchać nagrania i przeczytać z kolegą / koleżanką dialogi.

 7b Proszę zapytać kolegę / koleżankę:

Jaki numer telefonu ma pan / pani ...Amy...?
Jaki on / ona ma adres?

– Przepraszam, jaki numer telefonu ma pan Marian Kiełbasa?
– *Proszę powtórzyć nazwisko!*
– Kiełbasa.
– *Proszę powtórzyć imię!*
– Marian.
– *012 644 78 89*
– Dziękuję.
– *Proszę.*

.... **PRZYKŁAD 1**

– Przepraszam, jaki numer telefonu ma pani Maria Kiełb?
– *Proszę powtórzyć imię!*
– Maria.
– *Jaki ona ma adres?*
– Ulica Rusznikarska 3.
– *012 234 54 97*
– Dziękuję.
– *Proszę.*

.... **PRZYKŁAD 2**

JAKI ADRES?

ul. – ulica

KIELSKA
Barbara ul. Floriańska 5 .... 012 567 23 00
Janina os. Legionistów 10 .... 012 234 87 11
KIELSKI
Andrzej pl. Mickiewicza 7 .... 012 671 23 09
Wojciech al. Krasińskiego 2 ..... 012 234 76 10
KIEŁB
Anna os. Centrum F 2 .... 012 466 78 12
Bogumiła ul. Piłsudskiego 4 ...... 012 743 21 11
Maria ul. Floriańska 7 .... 012 567 23 01
Maria ul. Rusznikarska 3 .... 012 234 54 97
Zofia pl. Mickiewicza 8 .... 012 671 24 90
KIEŁBALSKA
Helena ul. Solidarności 5 .... 012 762 98 76
Maria pl. Staffa 6 .... 012 123 23 34
Władysława al. Witkacego 4 .... 012 543 17 61
KIEŁBASA
Adam ul. Dworcowa 10 .... 012 760 20 30
Adam ul. Warszawska 7 .... 012 143 76 43
Agnieszka ul. Wrzosowa 2 .... 012 434 34 43
Agnieszka al. Focha 4 .... 012 761 20 00
Barbara ul. Kijowska 4 .... 012 432 65 18
Barbara pl. Piłsudskiego 3 .... 012 987 54 20
Czesław os. Chopina 7 .... 012 809 12 34
Czesław al. Skłodowskiej 7 ...... 012 876 12 35
Halina pl. Kopernika 1 .... 012 505 60 42
Jan pl. Piłsudskiego 3 .... 012 613 28 01
Jan al. Piłsudskiego 8 .... 012 876 14 10
Jan os. Odrodzenia 6 .... 012 647 91 87
Krzysztof ul. Grodzka 3 .... 012 645 12 00
Krzysztof ul. Opolska 6 .... 012 644 12 34
Małgorzata ul. Ładna 1 .... 012 643 87 71
Marek ul. Katowicka 3 .... 012 641 20 87
Marian ul. Nowa 2 .... 012 644 78 89
Marta al. Kasztanowa 1 .... 012 891 11 22
Marta al. Brzozowa 2 .... 012 112 34 56
Stanisław ul. Jagiełły 3 .... 012 876 13 24
Stanisław os. Piękne 4 .... 012 871 22 05

Teresa ul. Filipińska 10 .... 012 143 25 37
Wacław ul. Bytomska 8 .... 012 783 42 56
Wacław al. Długa 2 .... 012 123 46 57
Zbigniew ul. Krótka 4 .... 012 203 40 57
Zbigniew pl. Gramatyka 8 .... 012 203 47 12
Zbigniew ul. Sandomierska 1 ... 012 872 34 01
KIEŁBASIŃSKA
Helena ul. Stara 10 .... 012 222 45 61
Helena al. Długa 2 .... 012 451 87 12
KIEŁBASIŃSKI
Szczepan pl. Gramatyka 10 ...... 012 234 25 01
KIEŁBASKA
Bogdan ul. Filipińska 9 .... 012 765 19 00
Jerzy os. Piękne 7 .... 012 123 65 23
Jerzy ul. Wesoła 1 .... 012 562 38 10
Teresa ul. Katowicka 3 .... 012 876 00 98
Teresa ul. Nowa 10 .... 012 123 00 12
Wiesław al. Hutników 3 .... 012 123 76 00
Wiesław pl. Jagiełły 4 .... 012 876 53 42
KIEŁBICKA
Katarzyna pl. Gramatyka 8 ...... 012 132 35 46
Lucyna pl. Kołłątaja 5 .... 012 176 53 09
Lucyna os. Piękne 9 .... 012 634 26 38
KIEŁBICKI
Władysław ul. Górników 1 ...... 012 123 23 65
Władysław ul. Kowali 2 .... 012 543 09 76
KIEŁBIK
Magdalena pl. Grodzki 3 .... 012 460 62 73
KIEŁBIK-GRUSZKA
Anna al. Centralna 10 .... 012 923 83 51
KIEŁBIŃSKA
Anna os. Wysokie 9 .... 012 835 29 57
Anna ul. Solidarności 1 .... 012 546 28 01
Teresa ul. Witkacego 10 .... 012 643 09 12
KIEŁBIŃSKI
Maciej ul. Krakowska 2 .... 012 872 93 99
KIEŁBIOWSKA
Wanda os. Odrodzenia 1 .... 012 647 77 10

al. – aleja

os. – osiedle

pl. – plac

8a Proszę posłuchać nagrania i napisać liczebnik przy nazwie miasta.

GDAŃSK [1]
SZCZECIN [4]
POZNAŃ [5]
WARSZAWA [3]
WROCŁAW [6]
ŁÓDŹ [8]
CZĘSTOCHOWA [9]
KATOWICE [7]
KRAKÓW [2]
ZAKOPANE [10]

Wymowa

8b Proszę przeczytać nazwę miasta z odpowiednim liczebnikiem.

9a Proszę pracować z kolegą / koleżanką. Czy wie Pan / Pani, skąd on / ona jest?

Skąd jest **Lech Wałęsa**? On jest **z Polski**.
Skąd jest ...Tom...? On / ona jest ...z Anglia...

QUIZ CZY WIESZ, SKĄD ONI SĄ?

[b] 0 Lech Wałęsa — a) z Francji
[c] 1 Czesław Miłosz — b) z Polski
[d] 2 Michaił Gorbaczow — c) z Polski
[g] 3 Pedro Almodovar — d) z Rosji
[k] 4 Wisława Szymborska — e) z Niemiec
[e] 5 Günter Grass — f) z Anglii
[a] 6 Jacques Chirac — g) z Hiszpanii
[h] 7 Michael Moore — h) z Ameryki
[f] 8 Tony Blair — i) z Japonii
[i] 9 Umberto Eco — j) z Włoch
[j] 10 Kenzo Takada — k) z Polski

Wymowa

9b Proszę przeczytać odpowiedzi na głos.

10a Proszę napisać, skąd oni są.

Przykład: Alexandra mieszka w Londynie.
Ona jest ...z Anglii... .

1. Ignatio mieszka w Barcelonie.
On jest ...z Hiszpanii... .
2. Andreas mieszka w Berlinie.
On jest ...z Niemiec... .
3. Pan Smith mieszka w Nowym Jorku.
On jest ...z Ameryki... .
4. Pani Wysocka mieszka w Poznaniu.
Ona jest ...z Polski... .
5. Roberto mieszka w Rzymie.
On jest ...z Włoch... .
6. Paul mieszka w Birmingham.
On jest ...z Anglii... .
7. Mami mieszka w Tokio.
Ona jest ...z Japonii... .
8. Tatiana mieszka w Moskwie.
Ona jest ...z Rosji... .
9. Nicole mieszka w Paryżu.
Ona jest ...z Francji... .

10b Proszę odpowiedzieć na pytania.

"Skąd" where

Skąd pan / pani jest?
Jestem z ...Anglii... .

Gdzie pan / pani mieszka?
Mieszkam w ...Durham... . male collegue

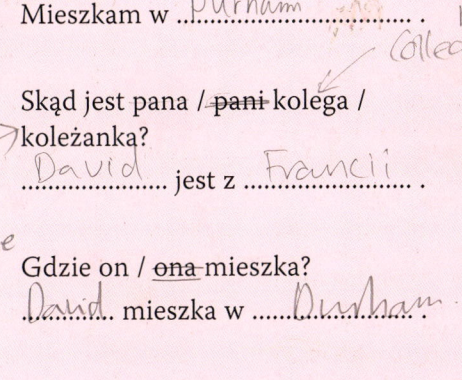

Skąd jest pana / ~~pani~~ kolega / koleżanka?
...David... jest z ...Francji... .

girl collegue

Gdzie on / ~~ona~~ mieszka?
...David... mieszka w ...Durham... .

lekcja 1

13

Gramatyka — CZASOWNIK

11a Jakie formy?

	zaimek osobowy	być	mieć	mieszkać
liczba pojedyncza (SINGULAR)	(ja)	jestem	mam	mieszkam
	(ty)	jesteś	masz	mieszkasz
	on / ona / ono pan / pani	jest	ma	mieszka / mieszka?
liczba mnoga (PLURAL)	(my)	jesteśmy	mamy	mieszkamy
	(wy)	jesteście	macie	mieszkacie
	oni / one państwo	są	mają	mieszkają

11b być

Przykład: (my) **jesteśmy** z Hiszpanii.
1. Skąd (ty) **jesteś**? (jest?)
2. (ja) **jestem** z Polski.
3. One **są** z Niemiec.
4. Skąd (wy) **jesteście**?
5. Ona **mieszka** z Włoch.
6. (my) **jesteśmy** z Francji.

11c mieć

1. Jak (ty) **masz** na imię?
2. Oni **mają** problem.
3. (my) **mamy** dom w Krakowie.
4. (ja) **mam** na imię Andrzej.
5. On **ma** nowe auto.

11d mieszkać

1. Gdzie on **mieszka**?
2. Teraz (ja) **mieszkam** w Krakowie.
3. (my) **mieszkamy** w Poznaniu.
4. Oni **mieszkają** w Gdańsku.
5. Czy (wy) teraz **mieszkacie** w Łodzi?

11e oni czy one?

Przykład: (Tadeusz i Andrzej) **oni** są z Polski.
1. (Magda i Dominika) **one** są z Polski.
2. (Agnieszka i Jacek) **oni / ono** (one?) państwo mają się dobrze.
3. (pani Kruszańska i pani Wojciechowska) **one** mieszkają we Wrocławiu.
4. (Piotrek i Mariusz) **oni** mają komputer.
5. (pan Kamil i pani Grażyna) **oni** mieszkają w Warszawie. Państwo

„Być albo nie być, oto jest pytanie".

12 Proszę posłuchać dialogu w kasie na stacji benzynowej i zdecydować, czy te informacje są prawdziwe (P) czy nieprawdziwe (N).

TRUE
FALSE

1. NIP	762-843-59-02	P / **N**
2. Kod pocztowy	31-410	**P** / N
3. Ulica	Plac Słowackiego 4/10	**P** / N
4. Nazwisko i imię	Dobra Anna	P / **N**
5. Numer rejestracyjny	KR 354 10	P / **N**

I. Proszę wpisać odpowiednie słowa do tabeli.

kontakt oficjalny   odpowiedź ✓ pytanie   kontakt nieoficjalny ✓

pytanie		
Kontakt nieoficjalny	Kontakt oficjalny	odpowiedź
Jak się masz?	Jak się pan / pani ma?	Dobrze.
Jak masz na imię? Jak się nazywasz?	Jak ma pan / pani na imię? Jak się pan / pani nazywa?	Mam na imię Jan. Nazywam się Jan Kowalski. Nazywam się Kowalski.
Skąd jesteś? Gdzie mieszkasz?	Skąd pan / pani jest? Gdzie pan / pani mieszka?	Jestem z Polski. Mieszkam w Krakowie.

II. Proszę zrobić ankietę w grupie.

Jak masz na imię?

Jak się nazywasz?

Jak się masz?

Skąd jesteś?

Gdzie mieszkasz?

Jaki masz numer telefonu?

III. Proszę przedstawić kolegę / koleżankę: — PLEASE INTRODUCE YOUR FRIEND

On / ona ma na imię..., nazywa się... itd.

15

Gramatyka — PRZYMIOTNIK

♂ rodzaj męski – *jaki?*	♀ rodzaj żeński – *jaka?*	⚲ rodzaj nijaki – *jakie?*
Jaki to (jest) samochód? To (jest) japońsk**i** samochód. **-y** (-k, -g) **-i**	Jaka to (jest) literatura? To (jest) literatura francusk**a**. **-a**	Jakie to (jest) nazwisko? To (jest) hiszpańsk**ie** nazwisko. **-e** (-k, -g) **-ie**

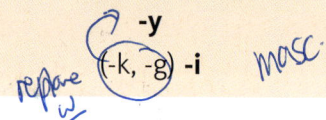

3a Proszę uzupełnić tabelę.

skąd?	♂ rodzaj męski – *jaki?* polski samochód	♀ rodzaj żeński – *jaka?* polska tradycja	⚲ rodzaj nijaki – *jakie?* polskie imię
1. z Polski	1. polski	1. polska	1. polskie
2. z Niemiec	2. niemiecki	2. niemiecka	2. niemieckie
3. z Francji	3. francuski	3. francuska	3. francuskie
4. z Ameryki	4. amerykański	4. amerykańska	4. amerykańskie
5. z Japonii	5. japoński	5. japońska	5. japońskie
6. z Włoch	6. włoski	6. włoska	6. włoskie
7. z Anglii	7. angielski	7. angielska	7. angielskie
8. z Hiszpanii	8. hiszpański	8. hiszpańska	8. hiszpańskie
9. z Rosji	9. rosyjski	9. rosyjska	9. rosyjskie

3b Rodzaj męski, żeński czy nijaki?

auto, samochód, firma, restauracja, herbata, polityk, film, tradycja, kawa, imię, nazwisko

3c Proszę dokończyć zdania i napisać do nich pytania.

Przykłady: Kowalski to *polskie nazwisko*. ......*Jakie to nazwisko*.....?
Szkoła Muzyczna im. Fryderyka Chopina to *polska szkoła*. ......*Jaka to szkoła*.....?
Polonez to *polski samochód*. ......*Jaki to samochód*.....?

1. BMW to .... ?
2. *Gladiator* to .... ?
3. Władimir Putin to .... ?
4. Suzuki to .... ?
5. Microsoft to .... ?
6. Pizzeria Italiana to .... ?
7. Windsor Tea to .... ?
8. Jacobs Krönung to .... ?
9. Corrida to .... ?
10. Schulz to .... ?

Słownictwo

JAKI ON JEST? JAKA ONA JEST? – POLSKIE PRZYMIOTNIKI

1. wysoki   2. średniego wzrostu   3. niski   4. gruby   5. szczupły

6. wysportowany   7. przystojny   8. ładna

 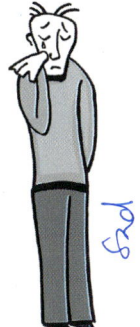 

9. wesoły   10. smutny   11. brzydki

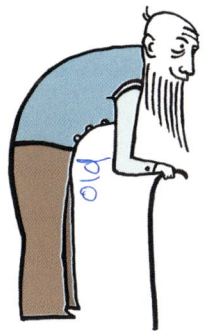   

12. stary   13. młody   14. chory   15. zdrowy

Jaki jesteś? / Jaka jesteś?
Jestem ...., ... i ....

4 Jaki jest ten mężczyzna?
Jaka jest ta kobieta?
Jakie jest to dziecko?

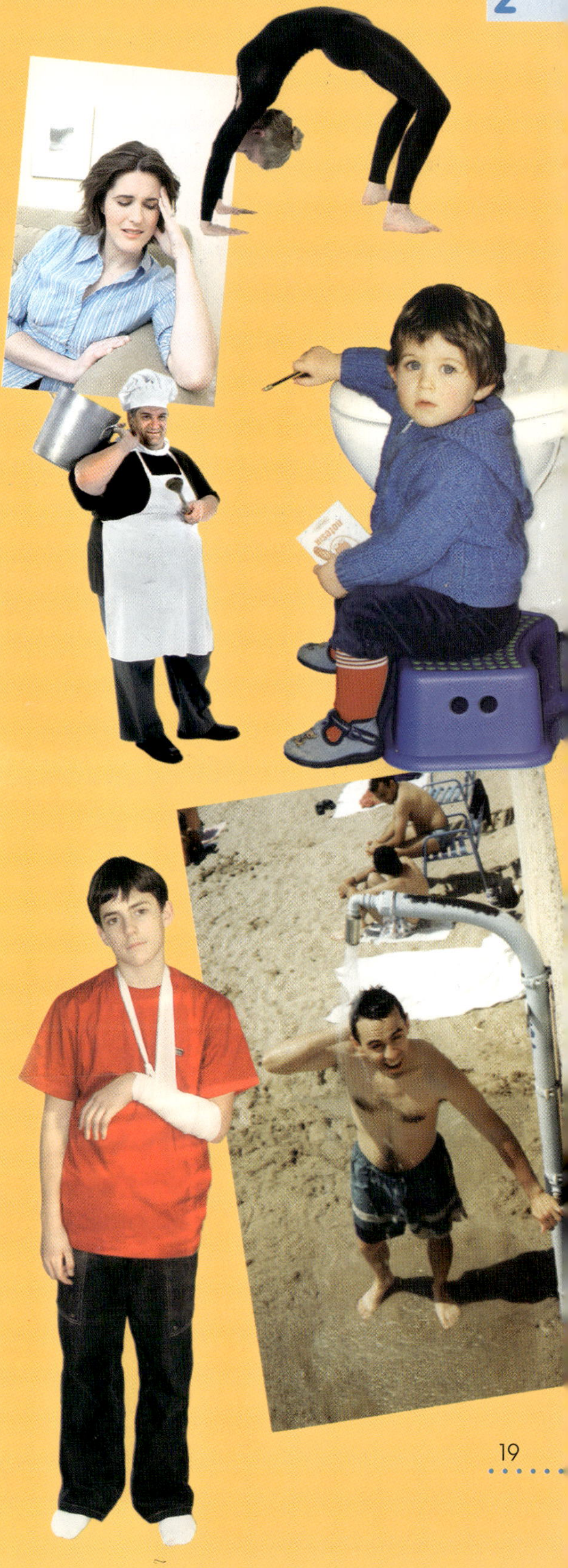

lekcja 2

19

5. Proszę napisać: imię i nazwisko popularnej osoby (aktor, polityk), skąd on / ona jest i jaki on / jaka ona jest (2 przymiotniki).

Kto?	Skąd?	Jaki on jest? / Jaka ona jest?
Pan *Sherlock Holmes* jest z *Anglii*.		On jest *wysoki* i *przystojny*.
Pani .... jest z		Ona jest .... i ....
Pani .... jest z		Ona jest .... i ....
Pan .... jest z		On jest .... i ....
Pan .... jest z		On jest .... i ....

Słownictwo

6. Proszę połączyć antonimy.

b 0	wysoki	a) wesoły
1	ładna	b) niski
2	szczupły	c) brzydka
3	młody	d) brzydki
4	przystojny	e) niewysportowany
5	wysportowany	f) stary
6	smutny	g) niemiły
7	miły	h) gruby
8	chory	i) zdrowy

7a. Proszę posłuchać nauczyciela i zaznaczyć w poniższych słowach, na którą sylabę pada akcent.

ambitny – inteligentny – kreatywny – agresywny – aktywny – sentymentalny – racjonalny – emocjonalny – naturalny – romantyczny – sympatyczny – spontaniczny – energiczny – wysportowany – zestresowany – zrelaksowany – sfrustrowany – utalentowany

Wymowa

7b. Proszę powtórzyć powyższe słowa za nauczycielem.

7c. Proszę wybrać przymiotniki z ćwiczenia 7a i uzupełnić zdania.

Jestem: *ambitny*, *kreatywny*, *niski*.

Nie jestem ani *wysportowany*, ani *stary*, ani *sentymentalny*.

Gramatyka — CZASOWNIK

8a Proszę uzupełnić tabelę.

KONIUGACJA: -m, -sz

lekcja 2

po polsku	mieć	rozumieć	przepraszać	czytać	pytać
w Pana / Pani języku	to have	to understand	to apologise	to read	to ask / question
(ja)	ma**m**	rozumie**m**	przepraszam	czytam	pytam
(ty)	masz	rozumiesz	przepraszasz	czytasz	pytasz
on / ona / ono pan / pani	ma	rozumie	przeprasza	czyta	pyta
(my)	ma**my**	rozumiemy	przepraszamy	czyta**my**	pytamy
(wy)	macie	rozumie**cie**	przepraszacie	czytacie	pyta**cie**
oni / one państwo	mają	rozumieją	przeprasza**ją**	czyta**ją**	pytama / pytają

8b Proszę wpisać zaimki osobowe.

Przykład: ...On... czyta tekst.
1. ...Ona... nie rozumie.
2. ...My... mieszkamy w Krakowie.
3. Gdzie ...ty... mieszkasz?
4. ...Oni... pytają.
5. ...Ja... czytam gazetę.
6. ...Ja... mieszkam w centrum.
7. Jak ...wy... się nazywacie?
8. ...Ja... przepraszam.
9. ...Ja... nie rozumiem.
10. ...Ty... nie rozumiesz?
11. ...Ona... ma na imię Aneta.
12. ...On... nazywa się Kowalski.

8c Proszę utworzyć właściwą formę czasownika.

1. Gdzie (ty) ...mieszkasz...? (mieszkać)
2. Gdzie oni ...mieszkają...? (mieszkać)
3. Co pan ...czyta...? (czytać)
4. Jak (wy) się ...nazywacie...? (nazywać)
5. (my) ...czytamy... gazetę. (czytać)
6. On ...pyta... (pytać)
7. (ja) Nie ...rozumiem... (rozumieć)
8. Co państwo ...czytają...? (czytać)
9. Jak się pani ...ma...? (mieć)
10. (ja) ...mieszkam... w centrum. (mieszkać)
11. Czy państwo ...mieszkają... w Warszawie? (mieszkać)
12. Gdzie ona ...mieszka...? (mieszkać)

21

Słownictwo — LICZEBNIKI

9a Proszę dopisać do liczby właściwy liczebnik.

11 ..... *jedenaście* .....
12 ....
13 ....
14 ....
15 ..... *piętnaście* .....
16 ....
17 ....
18 ....
19 ....
20 ....
21 ....
22 ....
23 ....

- ☐ szesnaście
- ☐ dziewiętnaście
- ☑ jedenaście
- ☐ dwadzieścia
- ☐ czternaście
- ☑ piętnaście
- ☐ osiemnaście
- ☐ trzynaście
- ☐ dwanaście
- ☐ dwadzieścia jeden
- ☐ dwadzieścia trzy
- ☐ dwadzieścia dwa
- ☐ siedemnaście

Wymowa

9b Proszę powtórzyć za nauczycielem powyższe słowa.

Gramatyka

10a Proszę dopisać właściwe przymiotniki z ramki do podanych adresów.

Narodowe ✓projektowe
włoska   Europejska
Europejski   medyczne
Kredytowy   językowa
turystyczne
dentystyczny

rodzaj
0. ..*nijaki*.. Biuro ..*projektowe*.. „ARCH-STUDIO"   ul. Królewska 23/9
1. .... **Hotel** .... **ul. Długa 19**
2. .... Restauracja .... „BONA"   os. Konopnickiej 13/2
3. .... *Szkoła* .... „LINGUA"   *ul. Felicjańska 19/4*
4. .... Bank ....   pl. Kościuszki 21/1a
5. .... **Gabinet** .... „DENTUS"   **os. Kolorowe 11/10**
6. .... Biuro .... „POL-TUR"   al. Kopernika 15/7
7. .... Muzeum ....   al. Słowackiego 12
8. .... **Fundacja Kultury**   **pl. Sobieskiego 16/4**
9. .... Centrum ....   ul. Poznańska 14

Wymowa

10b Proszę przeczytać na głos adresy.

AUTOMATYCZNE POŁĄCZENIA MIĘDZYMIASTOWE

 11a Proszę zapytać kolegę / koleżankę:

– Jaki jest numer kierunkowy do Krakowa?
– Proszę powtórzyć. Dokąd?
– **Do Krakowa.**
– 0-12.
– **Dziękuję.**

DOKĄD?	WOJ.*	NR KIER.
do Czchowa	**MŁP**	0-14
do Jasła	**PDK**	0-13
do Krakowa	**MŁP**	0-12
do Kutna	**ŁDZ**	0-24
do Łańcuta	**PDK**	0-17
do Łukowa	**LUB**	0-25
do Makowa	**MAZ**	0-29
do Przemyśla	**PDK**	0-16
do Rzeszowa	**PDK**	0-17
do Sandomierza	**SWK**	0-15
do Tarnowa	**MŁP**	0-14
do Warszawy	**MAZ**	0-22
do Wieliczki	**MŁP**	0-12
do Zakopanego	**MŁP**	0-18

lekcja 2

11b Ile jest w Polsce województw?

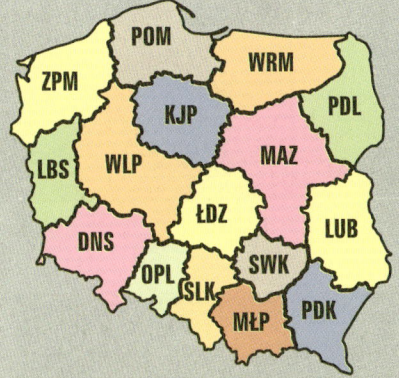

* objaśnienia skrótów nazw województw

DNS	dolnośląskie
KJP	kujawsko-pomorskie
LUB	lubelskie
LBS	lubuskie
ŁDZ	łódzkie
MŁP	małopolskie
MAZ	mazowieckie
OPL	opolskie
PDK	podkarpackie
PDL	podlaskie
POM	pomorskie
SLK	śląskie
SWK	świętokrzyskie
WRM	warmińsko-mazurskie
WLP	wielkopolskie
ZPM	zachodniopomorskie

12a Gdzie oni mieszkają? Proszę posłuchać nagrania i uzupełnić adresy.

imię i nazwisko	adres
1. Agnieszka Walczewska	Armii Krajowej 20/................
2. Maciej Korbielski	Warszawska 9/ ....
3. Izabela Budzyńska	Kazimierza Wielkiego 12/ .....
4. Zbigniew Bugajski	Mickiewicza ....

Wymowa

 12b Proszę porównać swoje odpowiedzi z odpowiedziami kolegi / koleżanki, a następnie przeczytać na głos prawidłowe odpowiedzi.

lekcja 2

GRAMATYKA PO POLSKU

I Proszę połączyć terminy gramatyczne z właściwymi przykładami.

c	0	przymiotnik – rodzaj męski	a) kawa, woda, szkoła
	1	bezokolicznik	b) wiem, rozumiesz, mieszkasz
	2	rzeczownik – rodzaj żeński	c) angielski, niemiecki
	3	rzeczownik – rodzaj nijaki	d) poeta, mężczyzna, dom
	4	czasownik – liczba pojedyncza	e) mieszkać, mieć, być, rozumieć
	5	rzeczownik – rodzaj męski	f) muzeum, słońce, kino

II Proszę uzupełnić pytania i napisać odpowiedzi.

pytanie	odpowiedź
1. .... mieszkasz?	....
2. .... to jest?	*To jest dom.*
3. .... się nazywasz?	....
4. .... to jest?	*To jest pani Maria.*
5. .... to jest dobra książka?	*Nie, to nie jest dobra książka.*
6. .... jesteś?	....
7. .... się masz?	....
8. .... jest 2+7?	....
9. .... masz numer telefonu?	....
10. .... masz na imię?	....

Czy już to umiesz?

23

lekcja 3

Sytuacje komunikacyjne zadawanie pytań, przedstawianie się (cd.)
Słownictwo narodowości, zawody i zajęcia, języki obce
Gramatyka i składnia narzędnik rzeczowników i przymiotników w liczbie pojedynczej i mnogiej, koniugacja -ę, -isz
Materiały autentyczne czat w Internecie, teleturniej

Kim jesteś?

● **Słownictwo** KIM JESTEŚ?

Mam na imię Andreas.

Mam na imię Roberto.

Jestem Janek.

Jestem Yoko.

Nazywam się Blanche Dubois.

1 Proszę posłuchać i zdecydować, kto to mówi.

_c_	1	Jestem Yoko.
	2	Mam na imię Andreas.
	3	Nazywam się Blanche Dubois.
	4	Jestem Janek.
	5	Mam na imię Roberto.

a) Jestem z Polski. Jestem Polakiem. Mówię po polsku i po angielsku. Znam też trochę język rosyjski. To jest Władimir. On jest Rosjaninem. Mówi po rosyjsku i po polsku.

b) Jestem Francuzką. Jestem z Francji i mówię po francusku. Znam też włoski.

c) Jestem Japonką i mówię po japońsku. Znam też język angielski.

d) Jestem Niemcem i mówię po niemiecku. To jest Eva. Ona też jest z Niemiec. Ona mówi po niemiecku i po hiszpańsku. Zna też trochę polski.

e) Jestem Włochem. To jest Sophie. Ona też jest z Włoch. Mówimy po włosku. Sophie zna też francuski. Ja nie mówię po francusku, ale znam niemiecki.

24

Gramatyka

2a Proszę uzupełnić tabelkę słowami z ćwiczenia 1.

mianownik: kto to jest? To jest...		narzędnik: kim on / ona jest?		Zna język...	Mówi...
mężczyzna	kobieta	On jest...	Ona jest...		
Amerykanin	Amerykanka	Amerykaninem	Amerykanką	angielski	po angielsku
Hiszpan	Hiszpanka	Hiszpanem	Hiszpanką	hiszpański	
Polak	Polka		Polką		
Niemiec	Niemka		Niemką		
Francuz	Francuzka	Francuzem		francuski	
Anglik	Angielka	Anglikiem	Angielką		
Rosjanin	Rosjanka		Rosjanką		
Włoch	Włoszka		Włoszką		
Japończyk	Japonka	Japończykiem		japoński	

2b Proszę dokończyć zdania i przeczytać je na głos.

Jestem ....
Znam język ....
Mówię po ....

3 Czy wiedzą Państwo, kim są te osoby? Proszę porozmawiać z kolegą / koleżanką.

Czy wiesz, kim jest **Andrzej Wajda**?
Tak, on jest **polskim reżyserem**. / Nie, nie wiem, kim on jest.

QUIZ CZY WIESZ, KIM ON / ONA JEST?

☐ 1	Stanisław Barańczak	a) amerykańskim aktorem
☐ 2	Wisława Szymborska	b) niemieckim politykiem
i 3	Andrzej Wajda	c) polskim poetą
☐ 4	Krystyna Janda	d) polską poetką
☐ 5	Joschka Fischer	e) polską aktorką
☐ 6	Danuta Tczewska	f) hiszpańskim reżyserem
☐ 7	Brad Pitt	g) polskim sportowcem
☐ 8	Adam Małysz	h) polską dentystką
☐ 9	Pedro Almodovar	i) polskim reżyserem

lekcja 3

Gramatyka — RZECZOWNIK

Pan Kowalski jest **sympatyczny**.

Jan Kowalski jest **sympatycznym Polakiem**.

Pan Kowalski to **sympatyczny Polak**.

To jest Jan Kowalski

NARZĘDNIK: kim? czym?, LICZBA POJEDYNCZA

	mianownik: *kto? co?*	narzędnik: *kim? czym?*		końcówki
męski	sympatyczny **nauczyciel** sympatyczny **Polak** wysoki **mężczyzna**	sympatycznym **nauczyciel-em** sympatycznym **Polak-iem** wysokim **mężczyzn-ą**	-ym -k, -g + -im	-em -k, -g + -**iem** -ą
żeński	sympatyczna **nauczycielka** wysoka **kobieta** miła **pani**	sympatyczną **nauczycielk-ą** wysoką **kobiet-ą** miłą **pani-ą**	-ą	-ą
nijaki	polskie **kino** sympatyczne **dziecko**	polskim **kin-em** sympatycznym **dzieck-iem**	-k, -g + -im -ym	-em -k, -g + -**iem**

UWAGA!

-e/-ie:Ø
minis**t**er – ministrem
Niem**ie**c – Niemcem

4 Proszę podkreślić właściwą formę.

Przykład: Marta jest szczupłą dziewczyną / szczupła dziewczyna.

1. Jędruś jest sympatycznym dzieckiem / sympatyczne dziecko.
2. „Żywiec" to polskim piwem / polskie piwo.
3. Kraków jest polskim miastem / polskie miasto.
4. Adam jest wysportowanym mężczyzną / wysportowaną mężczyzną.
5. Iza jest wysportowaną kobietą / wysportowana kobieta.
6. Stanisław Barańczak jest dobrym poetą / dobrą poetą.
7. Ewa Lipska to dobrą poetką / dobra poetka.
8. Pan doktor Wojtasiński jest świetnym dentystą / świetną dentystką.
9. Ewa jest wysoka kobieta / wysoką kobietą.
10. Katarzyna to sympatyczna nauczycielka / sympatyczną nauczycielką.

5 Narzędnik – liczba pojedyncza.

Przykład: On jest .... *młodym profesorem* .... (młody profesor).
1. Andrzej jest .... (przystojny mężczyzna).
2. Pani Kotarbińska jest .... (ładna kobieta).
3. On jest .... (aktywny biznesmen).
4. Kaśka jest .... (dobra studentka).
5. Ten doktor jest .... (dobry dentysta).
6. Ignatio jest .... (sympatyczny mężczyzna).
7. Ruth jest .... (interesująca kobieta).
8. Cornelia jest .... (dobra nauczycielka).
9. Roman jest .... (energiczny Polak).
10. Wojtek jest .... (ambitny student).

Francuz Francuz
Oni są Francuzami.

Francuz Francuzka
Oni są Francuzami.

Francuzka Francuzka Francuzka
One są Francuzkami.

NARZĘDNIK: kim? czym?, LICZBA MNOGA

	mianownik: kto? co? liczba pojedyncza	narzędnik: kim? czym?		końcówki	
męski	sympatyczny **nauczyciel** sympatyczny **Polak**	sympatycznymi	**nauczycielami** **mężczyznami**	-ymi -k, -g + -imi	-ami
żeński	wysoka **kobieta** sympatyczna **nauczycielka**	wysokimi	**kobietami** **nauczycielkami**		
nijaki	dobre **auto**	dobrymi	**autami**		

UWAGA! dziecko – dziećmi

6 Narzędnik – liczba mnoga.

Przykład: Wojtek i Andrzej są .... *ambitnymi studentami* .... (ambitny student).
1. Paulina i Kasia są .... (ambitna studentka).
2. One są .... (sympatyczna Włoszka).
3. Robert i Paweł są .... (wysoki mężczyzna).
4. Oni są .... (wesoły Francuz).
5. Interesujesz się .... (amerykański film)?
6. Interesujecie się .... (japoński samochód)?
7. Oni interesują się .... (rosyjskie miasto).
8. One interesują się .... (język obcy).

Słownictwo — ZAWODY I ZAJĘCIA

7 Proszę podpisać rysunki i przeczytać nazwy zawodów i zajęć.

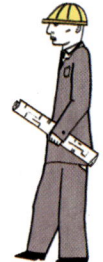    

inżynier — rolnik — .... — .... — ....

lekarz  — .... — .... — emeryt — ....

urzędnik — ....

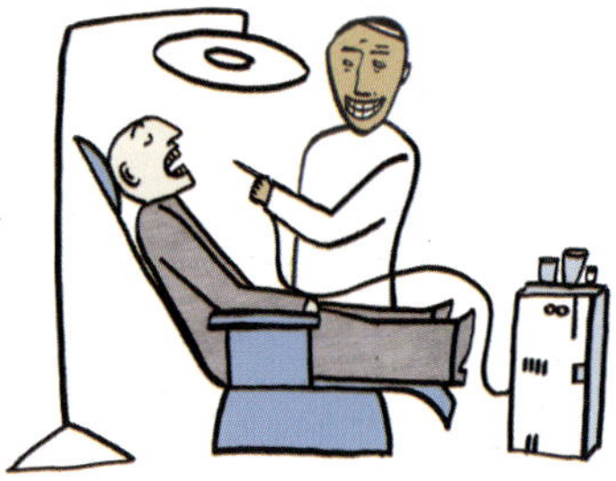

nauczycielka student architekt fotograf muzyk
biznesmen kelnerka dentysta bezrobotny

ZAWODY

Kim jest pan / pani z zawodu?

mężczyzna	kobieta
nauczyciel	nauczycielka
aktor	aktorka
kelner	kelnerka
poeta	poetka
dentysta	dentystka
artysta	artystka
dziennikarz	dziennikarka
lekarz	lekarka
urzędnik	urzędniczka

muzyk
rolnik
architekt
inżynier
kierowca
profesor
fotograf
prezydent
minister

 dziennikarz

 kierowca

....

ZAJĘCIA

student / studentka — jeszcze nie pracuje
emeryt / emerytka — już nie pracuje
bezrobotny / bezrobotna — teraz nie pracuje

8a Proszę przeczytać ankietę uliczną i zdecydować, kim są te osoby.

> bezrobotna informatykiem lekarką architektem ✓studentem
> biznesmenem fotografem nauczycielką emerytem

DZIENNIKARKA *pyta:* Kim pan / pani jest z zawodu?

Przykład: **Marek:** Z zawodu? Jeszcze nie pracuję. Jestem ......*studentem*...... . Studiuję ekonomię w Krakowie.

1. **Andrzej:** Jestem .... i .... Mam firmę komputerową w Warszawie. Pracuję bardzo dużo.
2. **Aleksandra:** Teraz nie pracuję. Jestem ....
3. **Joanna:** Jestem .... Pracuję w szpitalu.
4. **Melanie:** Jestem .... Jestem z Niemiec i uczę języka niemieckiego. Pracuję w szkole językowej. Dzisiaj moja grupa ma test!
5. **Mateusz:** Jestem .... Projektuję domy.
6. **Pan Stefan:** Jestem .... – już nie pracuję, ale z zawodu jestem inżynierem.
7. **Paweł:** Jestem .... Mam studio fotograficzne.

8b Kim oni są z zawodu?

1. **Renata:** Z zawodu jestem .... Pracuję w klinice dentystycznej.
2. **Robert:** Jestem..................... . Mieszkam i pracuję na wsi.
3. **Aneta:** Kim jestem z zawodu?..................... – piszę artykuły i felietony do gazety.
4. **Dariusz:** Jestem .... Mam prywatny gabinet dentystyczny.
5. **Agnieszka:** Jestem jeszcze .... Bardzo interesuję się muzyką jazzową, studiuję na Akademii Muzycznej w Gdańsku.
6. **Bożena:** Jestem .... Pracuję w restauracji.
7. **Witold:** Mam taksówkę – jestem ....

9a Proszę posłuchać fragmentu teleturnieju *Szansa na milion* i uzupełnić informacje o kandydatach.

Kto mówi? Imię i nazwisko	Kim jest?	Gdzie mieszka?	Co robi?	Czym się interesuje?
Wojciech Brzeziński		w Warszawie		historią i...
Marta Kaliszewska		w Krakowie	już nie pracuje	
Krystyna Wesoła			pracuje w Urzędzie Miasta	
Andrzej Kowalski		w Poznaniu		

9b Proszę porównać swoje odpowiedzi z odpowiedziami kolegi / koleżanki, a następnie przedstawić kandydatów.

Wymowa

10a Proszę przeczytać dialog z Internetu.

pokój: **WARSZAWA**

1 Viola: Cześć, jak się macie?
  Romek: Dziękuję, dobrze, a ty?
  Piotrek: Świetnie, a ty?
  Viola: Tak sobie.
5 Romek: Dlaczego?
  Viola: Jestem smutna. ☹
  Romek: Dlaczego?
  Viola: Mam problem. Nie rozumiem gramatyki języka polskiego.
  Romek: Ja też nie. 🙂
10 Piotrek: A ja rozumiem – masz pytanie?
  Leszek: O nie..., mówicie o gramatyce? Dlaczego? Nie❗
  Viola: Uczę się polskiego, ale nie rozumiem gramatyki.
  Leszek: Dlaczego uczysz się polskiego? Skąd jesteś?
  Viola: Jestem z Hiszpanii.
15 Piotrek: Dlaczego uczysz się polskiego? Pracujesz w Polsce?
  Viola: Uczę się polskiego, bo teraz mieszkam i studiuję w Polsce.
  Leszek: Studiujesz po polsku?
  Viola: Studiuję europeistykę w Warszawie, ale nie po polsku. To
20 są studia po angielsku.
  Piotrek: Mówisz po angielsku? Znasz polski, angielski i...?
  Viola: Znam hiszpański, dobrze angielski i trochę niemiecki, ale mówię słabo po polsku. Mam problemy z gramatyką.
  Leszek: Ja nie lubię gramatyki!!! Viola! Jaka jesteś? Wysoka,
25 niska?
  Viola: Nie jestem ani wysoka, ani niska, jestem średniego wzrostu, a wy?
  Leszek: Ja jestem niski, trochę gruby, ale bardzo sympatyczny. I młody! 🙂
30 Romek: Ja jestem wysportowany – interesuję się sportem. Jestem też szczupły i wysoki. Wszyscy mówią, że jestem bardzo przystojny. 🙂
  Piotrek: Ja jestem inteligentny i jestem świetnym informatykiem. 🙂
  Viola: Ach..., to bardzo interesujące...

10b Proszę pracować z kolegą / koleżanką. Proszę zdecydować, czy to prawda (P) czy nieprawda (N). Dlaczego?

To prawda / nieprawda, bo on / ona mówi: „..".

Przykład: Viola ma się świetnie.
To nieprawda, bo ona mówi „tak sobie" i „jestem smutna".

1. Viola jest Hiszpanką.	P / N
2. Viola uczy się polskiego, bo studiuje polonistykę.	P / N
3. Viola teraz pracuje w Warszawie.	P / N
4. Viola studiuje po polsku.	P / N
5. Viola mówi po hiszpańsku, po angielsku i po niemiecku.	P / N
6. Piotrek jest nauczycielem.	P / N
7. Leszek lubi gramatykę.	P / N
8. Viola jest wysoka.	P / N
9. Leszek jest młody.	P / N
10. Romek interesuje się sportem.	P / N

10c Proszę pracować w grupie. Proszę napisać i przeczytać analogiczny dialog: Czat – język polski.

Gramatyka **CZASOWNIK**

11a Jakie formy? Proszę uzupełnić tabelkę na podstawie dialogu z Internetu lub utworzyć analogiczne formy.

KONIUGACJA: -ę, -isz / -ysz

po polsku w Pana / Pani języku	mówić	lubić	robić	uczyć się	tańczyć
(ja)		lubi**ę**			tańcz**ę**
(ty)			robi**sz**		tańczy**sz**
on / ona / ono pan / pani	mówi	lubi	robi	uczy się	tańczy
(my)	mówi**my**	lubi**my**	robi**my**	uczy**my** się	tańczy**my**
(wy)		lubi**cie**			tańczy**cie**
oni / one państwo		lubi**ą**	robi**ą**	ucz**ą** się	tańcz**ą**

GRAMATYKA PO POLSKU

Co to jest?

☐ **1** mówić
☐ **2** mówią
☐ **3** mówię
☐ **4** one

a) liczba pojedyncza
b) liczba mnoga
c) bezokolicznik
d) zaimek osobowy

11b Proszę uzupełnić zdania.

Przykład: Czy (ty)........*mówisz*.......... po polsku? (mówić)

1. Czy pan .... dobrze po polsku? (mówić)
2. (ja) .... trochę po polsku. (mówić)
3. Czy oni .... sport? (lubić)
4. Czy Barbara .... języka polskiego? (uczyć się)
5. Moja dentystka świetnie .... sambę. (tańczyć)
6. (my) Bardzo .... kino. (lubić)
7. One nie .... muzyki techno. (lubić)
8. Co (ty) teraz .... ? (robić)
9. (ja)........................ języka polskiego w Krakowie. (uczyć się)
10. Oni świetnie .... (tańczyć)
11. Ona bardzo .... literaturę. (lubić)
12. (ja) .... literaturę francuską. (lubić)
13. One nie .... po rosyjsku. (mówić)
14. (my) .... po francusku. (mówić)

lekcja 3

I Proszę uzupełnić zdania.

(Stereo)typowy Polak?

Cześć. Mam na imię Krzysztof. Jestem młodym i aktywny.... Polak.... z Krakowa. Jestem ambitn..... ekonomistą – pracuję ..... banku. Interesuję się amerykańskimi samochod......., japońsk....... filmami i piękn...... kobiet..... . ... się języka angielskiego. Znam też .... język niemiecki.

Moja dziewczyna ma na imię Kasia. Jest Polk.... . Ona jest bardzo inteligentn.... . Studiuje kulturoznawstwo na uniwersytecie. Jest piękn.... blondynk.... . Interesuje się muzyk.... klaszczn.... i polityk.... europejsk.... . Mówi .... angielsku. Zna też dobrze .... hiszpański.

II Proszę odpowiedzieć na pytania do tekstu:

Krzysztof

1. Skąd jest?...
2. Kim jest z zawodu?...
3. Jaki jest?...
4. Co robi?...
5. Czy ma dziewczynę?...
6. Czym się interesuje?...
7. Czy mówi po angielsku?...

III Proszę napisać 5 pytań do tekstu:

Kasia

1. .... ?
2. .... ?
3. .... ?
4. .... ?
5. .... ?

Czy już to umiesz?

lekcja 4

Sytuacje komunikacyjne rozmowa na temat rodziny, pytanie o wiek, pytanie o adres e-mailowy
Słownictwo liczebniki 20 – 100, nazwy członków rodziny, adres internetowy
Gramatyka i składnia biernik liczby pojedynczej rzeczowników i przymiotników, zaimki dzierżawcze w mianowniku
Materiały autentyczne adres e-mailowy, adresy polskich stron internetowych

Czy masz brata?

Słownictwo

1a Czy Pan / Pani pamięta? Proszę dopasować liczby 1 – 19 do słów:

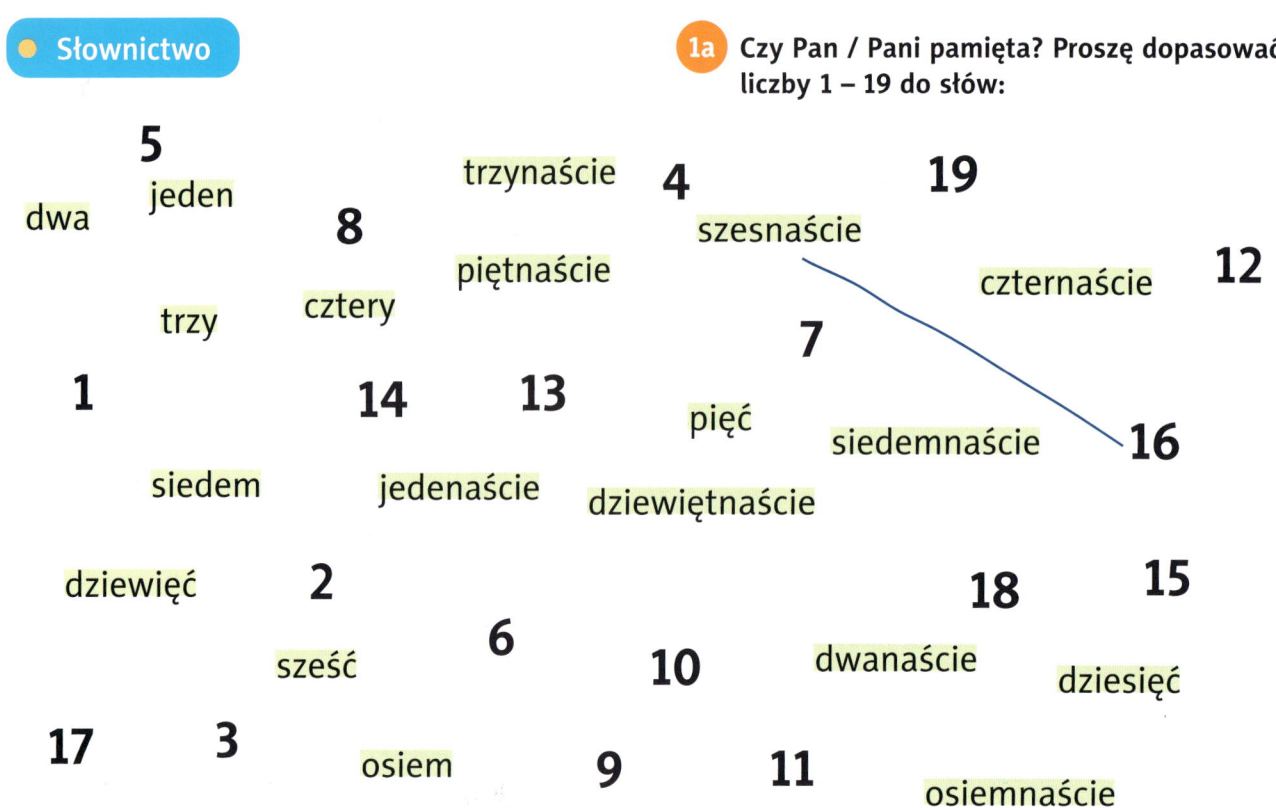

LICZEBNIKI 20 – 100

Wymowa

1b Proszę przeczytać na głos liczby:

20	dwadzieścia
30	trzydzieści
40	czterdzieści
50	pięćdziesiąt
60	sześćdziesiąt
70	siedemdziesiąt
80	osiemdziesiąt
90	dziewięćdziesiąt
100	sto
101	sto jeden, …

Wymowa

1c Ile jest...? Proszę przeczytać na głos poprawne odpowiedzi.

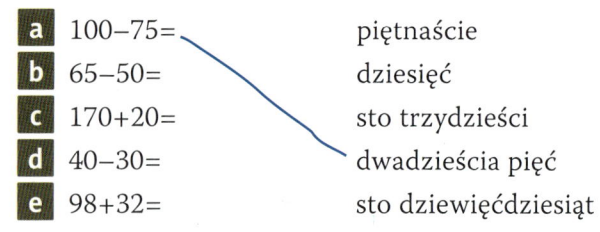

a	100–75=	piętnaście
b	65–50=	dziesięć
c	170+20=	sto trzydzieści
d	40–30=	dwadzieścia pięć
e	98+32=	sto dziewięćdziesiąt

32

Wymowa

 1d Co mówi lektor? Proszę przeczytać na głos poprawne odpowiedzi.

25	40	69	99	23	40	62	155	20	56
15	34	16	19	15	30	70	110	117	10
19	27	60	14	87	99	80	61	90	20

Wymowa

 1f Pana / Pani kolega / koleżanka z grupy podaje 4 dowolne liczby. Proszę je zapisać.

a) ....
b) ....
c) ....
d) ....

Wymowa

 1e Proszę posłuchać nagrania i uzupełnić, jaka to liczba. Proszę przeczytać na głos poprawne odpowiedzi.

Przykład: trzy *dzieści*

a) dwa..................
b) pięć..................
c) dziewięć..................
d) pięt..................
e) czter..................
f) dwa..................
g) sześć..................
h) siedem..................
i) siedem..................

lekcja 4

- **Słownictwo**

JAKI PAN / PANI MA ADRES E-MAILOWY?

2a Skąd jest Maciej i ile ma lat? Jaki jest jego adres e-mailowy? Jaki adres e-mailowy mają Antonio, Mercedes, Sebastian, Brigitta, Katia, Karol, Enzo, Chris? Skąd oni są? Ile mają lat?

http://www.polskiczat.pl/hobby

Polski czat

- Hobby – sport:
  Maciej, Polska, 17 lat, maciek@onet.pl
  Chris, Wielka Brytania, 21 lat, chris@yahoo.co.uk
  Sebastian, Polska, 14 lat, sebek@interia.pl

- Hobby – muzyka klasyczna:
  Brigitta, Niemcy, 24 lata, brgiti@hotmail.de
  Enzo, Włochy, 32 lata, enzoitalia@altavista.it
  Karol, Czechy, 33 lata, praga@post.cz

- Hobby – książki:
  Antonio, Grecja, 44 lata, antonio.carlo@hotbot.gr
  Katia, 52 lata, Rosja, katarina@russia.ru
  Mercedes, Francja, 36 lat, mercedes-paris@google.fr

Jaki Pan / Pani ma adres e-mailowy?

@ małpa
/ ukośnik
. kropka
– myślnik
_ podkreślenie

2b Proszę napisać:

Mój adres e-mailowy to: ....

 2c Proszę zapytać kolegę / koleżankę z grupy, jaki ma adres e-mailowy, a następnie zapisać ten adres.

....

ILE PAN / PANI MA LAT?

LAT CZY LATA? — Gramatyka

Mam...

1	rok
2, 3, 4	**lata**
5 – 21	lat
2**2**, 2**3**, 2**4**	**lata**
25 – 31	lat
X**5** – X**1**	lat
3**2**, 3**3**, 3**4**	**lata**
X**2**, X**3**, X**4**	**lata**

Wymowa

3a Proszę uzupełnić zdania. Proszę przeczytać na głos poprawne odpowiedzi.

a) Oto studenci z kursu języka polskiego: Margarita z Hiszpanii, 37 ..*lat*.., Alicia z USA, 20 ....., pan Carlo z Włoch, 71 .... Ten wysoki mężczyzna to Philip z Norwegii, 24 .... Ta pani to Sonia, nauczycielka z Rosji, 34 .... Aneta i Małgorzata to nasze nauczycielki, mają 31 .... A to ja, mam ....

b) Jestem emerytem, mam ...*65*... lat. To dziecko ma .... lata. Ta popularna aktorka ma .... lata. Ten samochód jest nowy, ma ..... rok. Ta antyczna lampa ma .... lat. Ten dobry komputer ma ..... lata. To stare radio ma .... lat. Ta stara książka ma .... lat.

3b Proszę zapytać kolegów z grupy, ile mają lat, a następnie powiedzieć, jaka jest średnia wieku w grupie.

imię	wiek

średnia wieku:

Wymowa / Ortografia

Słownictwo

4a Proszę posłuchać nagrania, powtórzyć na głos podane słowa, a następnie uzupełnić rysunek:

moja matka
moja siostra
mój syn

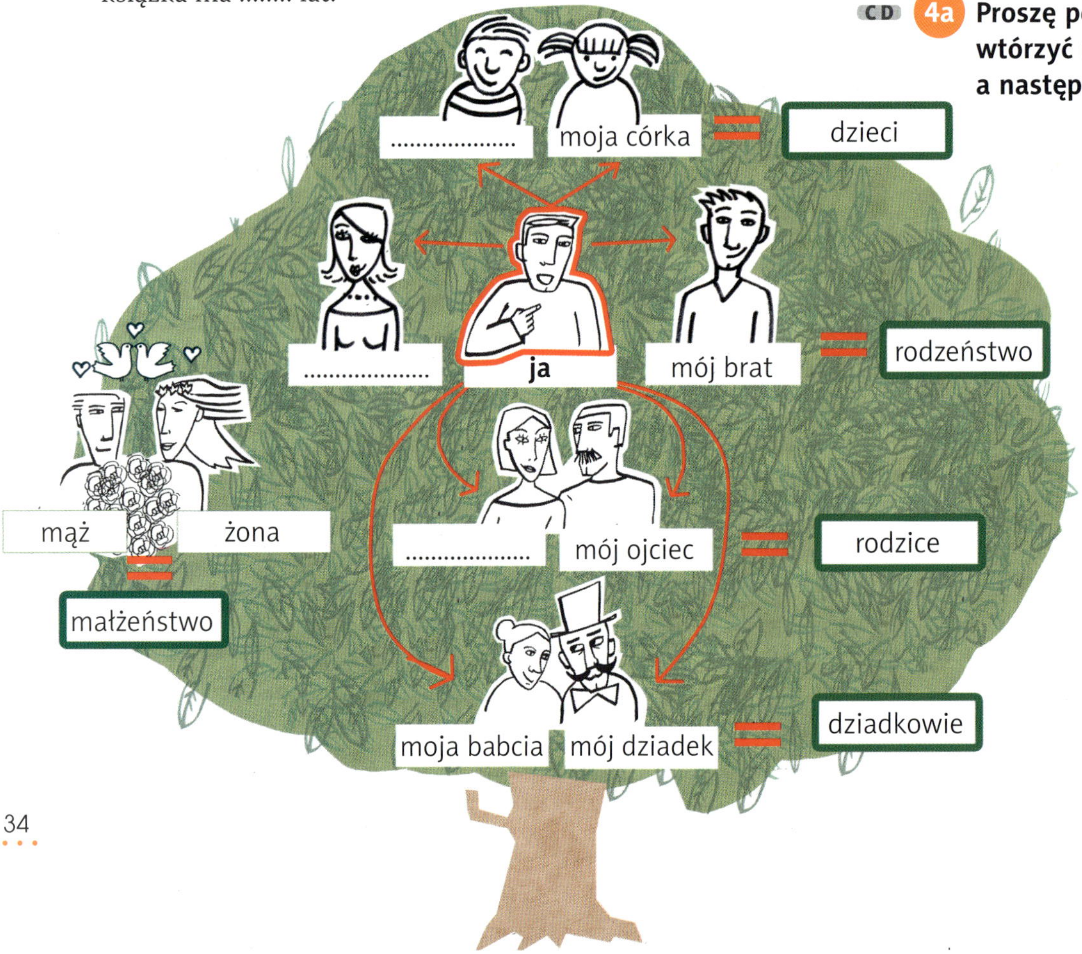

.... moja córka = dzieci

.... ja mój brat = rodzeństwo

mąż żona

.... mój ojciec = rodzice

małżeństwo

moja babcia mój dziadek = dziadkowie

34

4b Jakie tu są słowa? (10 słów) → ↓ ↑

M	B	M	R	O	D	Z	I	C	E	C
A	R	B	A	B	C	I	A	O	A	Ó
T	A	T	A	T	A	B	S	Y	N	R
K	T	K	O	J	C	I	E	C	O	K
A	D	Z	I	A	D	E	K	K	Ż	A

Ortografia

4c Jakie to słowa?

Przykład: traoiss – *siostra*
a) tkama – ....
b) nys – ....
c) trab – ....
d) abcbia – ....
e) dizekad – ....
f) ciejoc – ....
g) akórc – ....
h) żąm – ....
i) ceroidz – ....
j) icedzi – ....

lekcja 4

Proszę porównać swoje odpowiedzi z odpowiedziami kolegi / koleżanki.

5a Proszę szybko przeczytać tekst, a następnie uzupełnić drzewo genealogiczne rodziny Nowickich.

MOJA RODZINA

Dzień dobry. Nazywam się Hanna Nowicka. Jestem Polką i mam 32 lata. Mieszkam w Krakowie na ulicy Kościuszki 24. Jestem dziennikarką. Moja siostra Barbara ma 21 lat i studiuje ekonomię w Niemczech. Mój brat Marek ma 30 lat i pracuje w szkole – jest nauczycielem. Moja matka ma na imię Maria, pracuje jako fryzjerka w Warszawie. Mój ojciec Józef ma 60 lat, jest policjantem. Ojciec mojej matki – dziadek Klemens nie żyje. Moja babcia Weronika ma 89 lat i jest emerytką. Mieszka w Gdańsku. Rodzice mojego ojca – babcia Zofia i dziadek Stefan nie żyją.

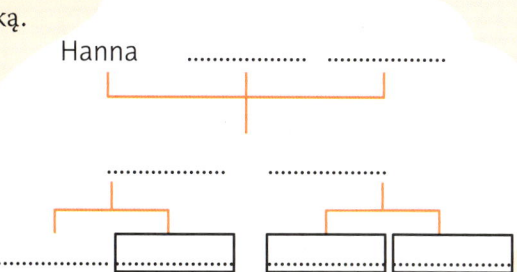

Proszę porównać swój rysunek z rysunkiem kolegi / koleżanki.

5b Czy dokładnie rozumie Pan / Pani tekst *Moja rodzina*? Proszę jeszcze raz przeczytać tekst, a następnie odpowiedzieć na pytania.

Przykład: Jak nazywa się Hanna? *Ona nazywa się Nowicka.*
– Ile ma lat?..................
– Gdzie mieszka?..................
– Kim Hanna jest z zawodu?..................
– Czy Hanna ma siostrę?..................
– Co robi Barbara?..................
– Kim z zawodu jest Marek?..................
– Czy Marek ma jedną siostrę?..................
– Kim z zawodu jest matka Hanny?..................
– Kim z zawodu jest ojciec Hanny?..................
– Czy Hanna ma dziadka?..................

Proszę porównać swoje odpowiedzi z odpowiedziami kolegi / koleżanki.

5c Co Pan / Pani pamięta na temat Hanny? Proszę opowiedzieć o Hannie i jej rodzinie, ale bez ponownego czytania tekstu.

Przykład: Pamiętam, że Hanna nazywa się Nowicka.
Jej siostra..., jej brat..., jej matka..., jej ojciec..., jej dziadek..., jej babcia...

35

Gramatyka

ZAIMKI DZIERŻAWCZE – MIANOWNIK

	rodzaj męski ♂ (ojciec, syn, dziadek)	rodzaj żeński ♀ (matka, córka, babcia)	rodzaj nijaki (dziecko)
ja	mój	moja	moje
ty	twój	twoja	twoje
on / ono	jego	jego	jego
ona	jej	jej	jej
my	nasz	nasza	nasze
wy	wasz	wasza	wasze
oni / one	ich	ich	ich

6b Proszę uzupełnić zdania.

> ich   wasza   jej   jego   mój   jej
> jego   twój   nasz   ✓moja   wasz

1. **Jestem** pół Polką, pół Francuzką. *Moja* mama jest z Polski, a .... ojciec z Francji.
2. **On** ma na imię Piotr. .... siostra ma na imię Ania, a .... brat Michał.
3. Na tej fotografii jest **pani Łukawska**. .... dzieci mają na imię Julia i Adam. A ten niski pan to .... mąż Stefan.
4. **(ty)** Przepraszam, czy to .... długopis?
5. **(my)** Czy to .... autobus? Musimy jechać numerem 124.
6. **(wy)** Czy to .... córka i .... syn? Bardzo ładne dzieci.
7. **(oni)** Filip i Tomasz są bardzo sympatyczni. .... nauczycielka bardzo ich lubi.

6c Proszę posłuchać programu radiowego i uzupełnić tekst.

PROGRAM Goście w radiu

– Dzień dobry Państwu. Dzisiaj nasi goście to rodzina Wiśniewskich. Bardzo proszę się przedstawić.
– .... dobry. Jestem ...., mam .... lat, jestem inżynierem. To jest .... matka, ... Jest nauczycielką. .... mąż, a mój ...., ma na imię Konrad. Jest .... To jest .... siostra, Ania, studentka prawa.

6a Proszę uzupełnić zdania.

Przykład: Jestem Michał. To jest *moja* mama, a to *mój* tata.

To Janek. To .... siostra Basia i .... brat Jurek.

To pani Krysia i .... córka Monika.

To pan Kowalski i .... rodzina.

To państwo Robert i Olga Kozak, a to .... dom.

To Dawid i Paweł, a to .... szkoła.

To Patrycja i .... pies.

7a Proszę posłuchać nagrania i wpisać, gdzie dokładnie mieszkają te osoby oraz jak mają na imię.

7b Proszę porównać swoje odpowiedzi z ćwiczenia 7a z odpowiedziami kolegi / koleżanki: gdzie mieszka pani Kinga, pan Leszek, Michał? Jak nazywają się pan Robert i pani Ela?

7c Proszę posłuchać nagrania jeszcze raz i zaznaczyć poprawną odpowiedź (a, b lub c).

SĄSIEDZI

UL. KOPERNIKA 72

mieszkanie nr

5 .... Siuda
4 .... Pawłowicz
3 .... Poniatowski
2 .... Kowalski
1 .... Nowak

Pani Kinga ma:
a) męża i małego synka
b) siostrę
c) córkę

Pan Leszek ma:
a) saksofon
b) psa i kota
c) dużo książek

Pan Robert ma:
a) dobry komputer
b) nowy numer telefonu
c) japoński telewizor

Michał ma:
a) starszego brata
b) młodszego brata
c) małe dziecko

Pani Ela ma:
a) firmę
b) dużą rodzinę
c) nowy samochód

Wymowa

7d Proszę przeczytać na głos poprawne odpowiedzi.

lekcja 4

10a Gra GENEALOGIA: Proszę napisać (na kartce) imiona osób z Pana / Pani rodziny. Następnie proszę podać tę kartkę koledze / koleżance. On / ona pyta i rysuje drzewo genealogiczne Pana / Pani rodziny.

Pytania: Kto to jest...? / Ile ma lat? / Kim jest z zawodu?

10b Proszę opowiedzieć grupie, co Pan / Pani wie o rodzinie kolegi / koleżanki.

Słownictwo

Wymowa

11a Które z adresów polskich stron internetowych Państwo znają? Proszę je przeczytać na głos.

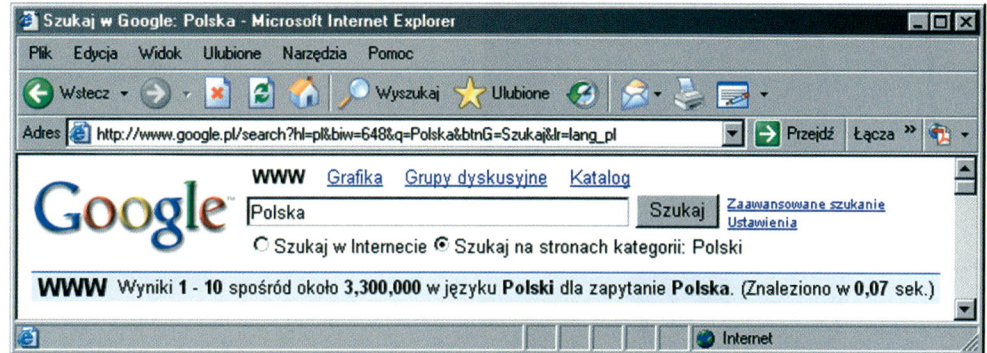

11b Czy znają Państwo inne adresy? Proszę je podać grupie.

http://www.hoga.pl	http://www.
http://www.interia.pl	http://www.
http://www.o2.pl	http://www.
http://www.onet.pl	http://www.
http://www.republika.pl	http://www.
http://www.wp.pl	http://www.
http://www.Polska.pl	http://www.
http://www.msz.gov.pl	http://www.
http://www.warszawa.pl	http://www.
http://www.pkp.com.pl	http://www.
http://krakow.pogodzinach.pl	http://www.

I Quiz: KTO JEST KIM? Proszę przeczytać tekst, a następnie uzupełnić tabelę.

Marek: Mam 20 lat, mój brat ma na imię Jacek. Ma 15 lat i jest uczniem. Jest bardzo szczupły. Moja siostra jest ładna, a mój ojciec jest przystojny.

Monika: Mój dziadek ma na imię Janusz, ma 70 lat. Moja babcia ma na imię Anna. Ma 76 lat, jest emerytką. Jest niska.

Andrzej: Moja żona ma 45 lat, jest piękna. Lubi kino. Moja matka jest emerytką i lubi telewizję.

Maria: Mam 45 lat. Moja córka ma 21 lat. Jest studentką i lubi teatr. Mój ojciec jest bogaty i lubi podróżować. Ma 70 lat, jest emerytem. Mój mąż ma 50 lat, tak samo jak ja jest lekarzem. Lubi piłkę nożną.

Jacek: Lubię muzykę. Mój brat jest wysoki. Jest studentem i lubi sport. Nasza siostra ma na imię Monika. Nasza mama ma na imię Maria, jest lekarką.

Imię	Ile ma lat?	Kim jest?	Jaki / jaka jest?	Co lubi?
Marek				
Jacek	15			
Monika			ładna	
Andrzej				
Maria				kino
Anna			niska	
Janusz				

Proszę porównać swoje odpowiedzi z odpowiedziami kolegi / koleżanki.

II Proszę dokończyć zdania.

Przykład: Marek *ma brata Jacka i ładną siostrę*.
Monika ....
Andrzej ....
Maria ....
Jacek ....
Anna ....
Janusz ....

lekcja 5

- **Sytuacje komunikacyjne** rozmowa na temat zainteresowań
- **Słownictwo** hobby, przysłówki wyrażające częstotliwość
- **Gramatyka i składnia** koniugacje, struktury: *interesować się* + narzędnik, *lubić* + biernik, *lubić* + bezokolicznik
- **Materiały autentyczne** ogłoszenia z gazety

Co lubisz robić?

● **Słownictwo** HOBBY   **Proszę podpisać rysunki.**

lubię, lubisz... + bezokolicznik

> grać na gitarze   grać w tenisa   słuchać muzyki   tańczyć   czytać książki   czytać gazety
> oglądać telewizję   spotykać się z kolegami   robić zdjęcia   chodzić do kawiarni   chodzić do kina
> chodzić do teatru   chodzić do restauracji   podróżować   jeździć na rowerze   uprawiać sport

....   biegać   ....

....   grać w piłkę nożną   ....

....

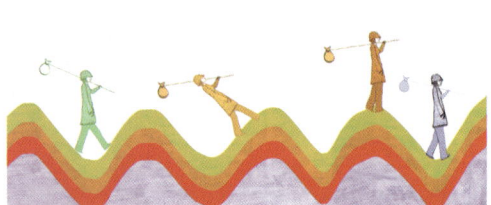   

....   śpiewać

2 Proszę wybrać właściwe słowa.

podróżować ✓uprawiać tańczyć
jeździć lubisz karty czytać
grać robić spotykać
słuchać pływać śpiewać
gazety muzyki chodzić

Przykład: Andrzej bardzo lubi ..... *uprawiać* .... sport.
1. Bardzo lubię grać w .... – na przykład w brydża.
2. Czy lubicie .... muzyki klasycznej?
3. On nie lubi .... do teatru.
4. Mariusz i Agnieszka lubią .... książki kryminalne.
5. Czy lubisz .... w tenisa?
6. Mój znajomy lubi czytać ...., szczególnie „Gazetę Wyborczą".
7. Czy .... chodzić do teatru?
8. On bardzo lubi .... w Parku Wodnym.
9. Marta i Wojtek bardzo lubią .... na rowerze.
10. Bardzo lubimy .... po Europie.
11. Moja przyjaciółka lubi .... w dyskotece.
12. Ona bardzo lubi .... zakupy.
13. Beata i Adam lubią się .... z kolegami.
14. Madonna lubi ....
15. One lubią słuchać .... rockowej.

lekcja 5

café

....

jeździć na nartach

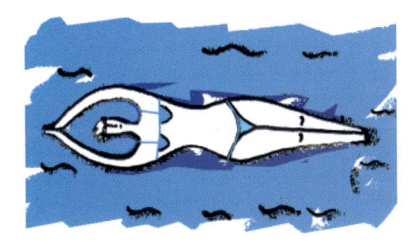

pływać

....

3 Co Pan / Pani lubi robić, a co lubi robić Pana / Pani kolega / koleżanka z grupy?

Czy lubisz ....?
Bardzo lubię ...., ... i ....
Mój kolega / Moja koleżanka lubi ...., ... i ....

4 Proszę posłuchać nagrania i napisać:

a) ile lat mają te osoby,
b) czy informacje 1 – 4 są prawdziwe (P) czy nieprawdziwe (N).

To prawda, że on / ona ....
To nieprawda, że on / ona ....

A. **Joanna Klimek** ma ... *33 lata* ... .
1. Jest Francuzką. P / N
2. Interesuje się polityką europejską. P / N
3. Lubi robić zdjęcia. P / N
4. Lubi grać na gitarze. P / N

B. **Józef Buła** ma ....
1. Jest emerytem. P / N
2. Lubi pływać. P / N
3. Nie lubi grać w karty. P / N
4. Lubi oglądać telewizję. P / N

C. **Jacek** ma ....
1. Jest mężem Joanny. P / N
2. Studiuje polonistykę w Krakowie. P / N
3. Interesuje się muzyką rockową. P / N
4. Jest aktywny – lubi podróżować i jeździć na rowerze. P / N

D. **Magda** ma ....
1. Jest studentką. P / N
2. Lubi chodzić do muzeum. P / N
3. Bardzo lubi fizykę. P / N
4. Interesuje się informatyką. P / N

43

Gramatyka

JAK MÓWIMY O HOBBY?

lubić + bezokolicznik	Anna lubi czytać książki. Lubię chodzić do kina.
lubić + biernik	Anna lubi literaturę. Lubię kino.
interesować się + narzędnik	Anna interesuje się literaturą. Interesuję się kinem.

5 Proszę uzupełnić zdania.

Przykład: *sport, uprawiać, sportem*

Lubię ...*uprawiać*... sport – lubię ...*sport*... – interesuję się ...*sportem*... .

1. *kinem, kino, chodzić*

   Dorota i Renata lubią .... do kina – one lubią .... – interesują się ....

2. *czytać, literaturę, literaturą*

   Mój brat lubi .... książki – on lubi .... – interesuje się ....

3. *muzyką, śpiewać, muzykę, grać*

   Nasz kuzyn lubi .... i .... na gitarze – on lubi .... – interesuje się ....

4. *robić, fotografią, fotografię*

   Pani Wojciechowska lubi .... zdjęcia – ona lubi .... – interesuje się ....

5. *podróżować, geografię, geografią*

   Lubimy .... po Polsce – lubimy .... – interesujemy się ....

Wymowa

6 Proszę posłuchać nagrania i napisać, w jakiej kolejności słyszał Pan / słyszała Pani te słowa.

a) **-ia:** ☐ geografia ☐ historia ☐ socjologia ☐ ekonomia
☐ biologia ☐ filozofia ☐ geologia
☐ chemia ☐ psychologia ☐ galeria

b) **-ka:** ☐ polityka ☐ informatyka ☐ statystyka ☐ polonistyka
☐ muzyka ☐ fizyka ☐ botanika
☐ gramatyka ☐ matematyka ☐ anglistyka

7 Którą ofertę Pan / Pani wybiera i dlaczego? Jak Pan / Pani myśli, którą ofertę wybiera Pana / Pani kolega / koleżanka z grupy?

Wybieram *nowe kino*, bo bardzo lubię *oglądać filmy*.
　　　　　　　　　　　bo interesuję się *polskim kinem*.

Myślę, że .... wybiera ...., bo lubi ....
　　　　　　　　　　　　　　　　　　　　　　　　　　bo interesuje się ....

SPORT :: HOBBY :: RELAKS

BIURO TURYSTYCZNE Trawelka
oferuje wycieczki:
- do Zakopanego
- do Warszawy
- do Krakowa
- do Wieliczki
- i inne

zapraszamy
tel. 012 345 56 78

Nowa księgarnia Centrum taniej książki
literatura piękna
fachowa
języki obce
zapraszamy serdecznie
ul. Lenartowicza 12

KLUB KYOKUSHIN KARATE
Karate, Judo, Jujitsu
Tarnowska 3, tel. 022 634 08 49

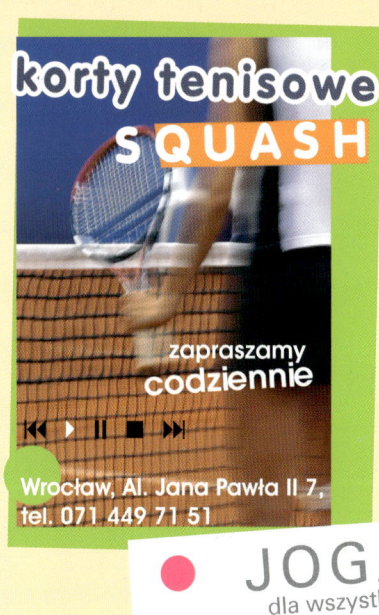

korty tenisowe SQUASH
zapraszamy codziennie
Wrocław, Al. Jana Pawła II 7, tel. 071 449 71 51

zapraszamy na basen PŁYWALNIA
w poniedziałki rabaty dla grup
Słowackiego 20, tel. 0-84 411-82-95

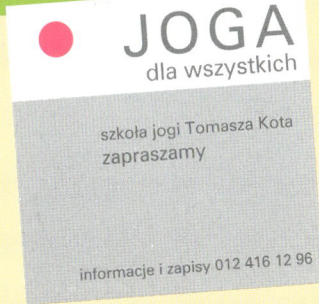

JOGA dla wszystkich
szkoła jogi Tomasza Kota
zapraszamy
informacje i zapisy 012 416 12 96

DISCO-club
Piątek (techno, house)
Sobota (rap, hip-hop)
Niedziela (pop, rock)
zapraszamy
Szewska 12, tel. 058 422 54 67

BODY RELAX CLUB
Studio rekreacji i odnowy biologicznej
AEROBIK, SAUNA, SOLARIUM, MASAŻE, GABINET KOSMETYCZNY
Mickiewicza 70 (wejście od Lubelskiej)
tel. 0-84 411-82-95

nowe kino w Poznaniu kino Atlantic
zaprasza na premierę nowego filmu
Andrzeja Wajdy
Rezerwacja biletów 061 423 67 45

galeria fotografii foto_Art.
od poniedziałku do soboty
ul. Wielocha 14
tel. 0-12 423-16-17

zaprasza na wystawę pt.:
Stary i nowy Kraków

lekcja 5

45

Słownictwo — JAK CZĘSTO?

Pan Stanisław Matejko
1. **Zawsze** wieczorem czyta książki – lubi kryminały.
2. **Codziennie** po południu gra na gitarze klasycznej.
3. W weekend **zwykle** chodzi na basen.
4. **Często** spotyka się z kolegami w kawiarni.
5. **Od czasu do czasu** gra w tenisa.
6. **Rzadko** chodzi do teatru, bo nie ma czasu.
7. **Nigdy nie** słucha muzyki dyskotekowej, bo lubi muzykę klasyczną.

8 Co Pana / Pani koledzy z grupy robią w wolnym czasie i jak często to robią?

Przykład: Jak często chodzisz do kina? // chodzi pan / pani do kina?

imię	jak często?	co robi?
		chodzi do kina
		chodzi do teatru
		chodzi do muzeum
		czyta książki
		chodzi na koncerty
		uprawia sport
		słucha muzyki
		jeździ taksówką
		podróżuje
		spotyka się z kolegami
		chodzi do restauracji na obiad
		ogląda telewizję

9 Jak często Pan / Pani to robi?

1. .... chodzę do kina.
2. .... pływam.
3. .... jeżdżę na nartach.
4. .... chodzę do filharmonii.
5. .... pracuję.
6. .... uprawiam sport.
7. .... surfuję po Internecie.
8. .... mailuję.
9. .... oglądam telewizję.
10. .... chodzę na koncerty.

Gramatyka — KONIUGACJE

10 Proszę uzupełnić tabele.

KONIUGACJA: -m, -sz

	czytać	*jeść*	*wiedzieć*
(ja)		jem	
(ty)	czytasz		wiesz
on / ona / ono pan / pani			
(my)	czytamy		
(wy)		jecie	
oni / one państwo	czytają		wiedzą

KONIUGACJA: -ę, -isz   -ę, -ysz

-fić, -wić, -pić, -bić, -nić, -mić

	mówić	*lubić*	*chodzić*	*uczyć się*
(ja)	mówię		chodzę	
(ty)	mówisz	lubisz	chodzisz	uczysz się
on / ona / ono pan / pani			chodzi	
(my)			chodzimy	
(wy)				uczycie się
oni / one państwo		lubią	chodzą	uczą się

KONIUGACJA: -ę, -esz

-ować

	chcieć	*pisać*	*móc*	*pracować*
(ja)	chcę	piszę	mo**g**ę	prac**uj**ę
(ty)	chcesz	piszesz	mo**ż**esz	prac**uj**esz
on / ona / ono pan / pani		pisze	mo**ż**e	
(my)	chcemy			prac**uj**emy
(wy)		piszecie		prac**uj**ecie
oni / one państwo	chcą		mo**g**ą	prac**uj**ą

11 Co jest typowe, a co jest nietypowe dla każdej koniugacji?

Wymowa

12a Proszę powtórzyć następujące słowa za nauczycielem:

studiować – interesować się – kreować – interpretować – funkcjonować – kontrolować – stresować – negocjować – protestować – specjalizować się – analizować – telefonować – argumentować

12b Proszę uzupełnić zdania właściwą formą czasownika.

Przykład: Policja często ......*kontroluje*...... mój samochód. (kontrolować)

1. Ten student często .... (mailować)
2. (my) .... się językiem polskim. (interesować się)
3. (ja) .... czasowniki. (koniugować)
4. Co pani .... ? (studiować)
5. Magda i Anna często .... po Internecie. (surfować)
6. Andrzej codziennie .... (faksować)
7. Wojtek .... dom. (dekorować)
8. Gdzie państwo .... ? (pracować)
9. Dlaczego zawsze (ty) .... z profesorem? (dyskutować)
10. Czy często pan .... z rodziną? (podróżować)
11. Tadeusz zawsze wszystko .... (planować)

13 Proszę dokończyć zdania.

Przykład: Zwykle w weekendy ......*chodzę do kina*......

1. Zwykle w weekendy ....
2. Na wakacjach nigdy nie ....
3. Często ....
4. Rzadko ....
5. Od czasu do czasu ....
6. Codziennie ....

14 Proszę uzupełnić zdania właściwą formą czasownika.

Przykład: (ja) ...*Uczę się*... języka polskiego. (uczyć się)

1. Czy .... pan mówić wolniej? (móc)
2. On często .... telewizję. (oglądać)
3. Marek nigdy nie .... muzyki. (słuchać)
4. Czy one często .... maile? (pisać)
5. Codziennie (ja) .... do pracy. (chodzić)
6. (ja) .... dobrze mówić po polsku. (chcieć)
7. Zwykle wieczorem Ania .... książkę. (czytać)
8. Pan Kaczmarczyk .... artykuł. (pisać)
9. Co pan .... studiować? (chcieć)
10. Czy (wy) .... mówić wolniej? (móc)
11. Na lekcji (my) zawsze .... po polsku. (mówić)

15a Proszę posłuchać rozmów telefonicznych i wpisać, dokąd dzwonią Jacek, Joanna, Magda i pan Józef.

Myślę, że on / ona dzwoni ...., bo on / ona mówi: „........................".

*do księgarni   do teatru   do sklepu muzycznego
do kina   do sklepu sportowego   **na** pływalnię*

1. Jacek dzwoni ....
2. Jacek dzwoni ....
3. Joanna dzwoni ....
4. Joanna dzwoni ....
5. Magda dzwoni ....

48

15b Proszę posłuchać rozmów telefonicznych jeszcze raz i uzupełnić zdania.

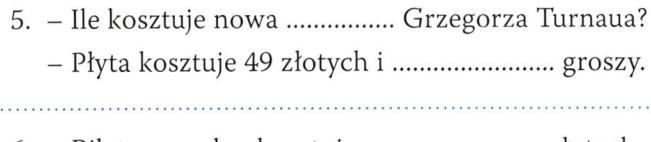

1. – Bilet kosztuje .... złotych.
   – Czy .... zarezerwować miejsca?

2. – Czy to jest numer ....- 78 -..................?
   – Nie, to ....

3. – Czy macie państwo już .... książkę Jerzego Pilcha?
   – Książka kosztuje .... złote.

4. – Proszę zarezerwować .... miejsca.
   – Bilet kosztuje .... złotych.

5. – Ile kosztuje nowa .... Grzegorza Turnaua?
   – Płyta kosztuje 49 złotych i .... groszy.

6. – Bilet normalny kosztuje .... złotych.
   – Pływamy .... minut.

6. Pan Józef dzwoni ....

Proszę uzupełnić teksty.

A. .... się Joanna Klimek. Jestem Polką, ale teraz mieszkam we Francji. Mam 33 lata. .... dziennikarką. .... się polityką europejską, ekonomią i teatrem. Lubię .... zdjęcia i grać .... tenisa. Często też .... książki.

B. Józef Buła. Jestem emerytem, mam 65 .... Teraz mieszkam w Gdańsku. Moje hobby to sport – .... pływać. Od czasu do .... spotykam się .... kolegami i gramy w karty. Lubię też czytać gazety, ... telewizję i dyskutować o polityce.

C. Jestem Jacek, jestem bratem Joanny, ... anglistykę w Krakowie. Mam 25 lat. Interesuję się literaturą angielską i .... rockową. Jestem aktywny – rzadko jestem w domu. Na przykład .... tańczyć, ... na rowerze i podróżować.

D. Mam na imię Magda, ... wnuczką Józefa, jestem uczennicą. .... 18 lat i .... do liceum. Bardzo lubię muzykę – .... chodzę na dyskotekę albo na koncert. Lubię też komputery – po maturze .... studiować informatykę.

lekcja 5

Czy już to umiesz?

49

lekcja 6

Sytuacje komunikacyjne pytanie o numer telefonu, o informację i pozwolenie: *Gdzie jest...?, Czy tu można palić?, Czy mogę...?* Sytuacje w kawiarni i restauracji

Słownictwo liczebniki 100 – 1000, nazwy produktów spożywczych, potraw i napojów

Gramatyka i składnia powtórzenie odmiany *jeść, pić* oraz biernika przymiotników i rzeczowników, przyimek *z* + narzędnik, zasady podawania cen

Materiały autentyczne numery telefonów alarmowych w Polsce, menu kawiarni i restauracji, ogłoszenia prasowe, broszura reklamowa z pizzerii, napisy i szyldy

Proszę rachunek.

Produkty spożywcze: ....
....
....
Potrawy: ....
....
....

Słownictwo

1a Czy zna Pan / Pani nazwy produktów spożywczych i potraw po polsku? Proszę z kolegami / koleżankami z grupy zrobić listy.

Wymowa

1b Proszę posłuchać nagrania, a następnie przeczytać na głos te słowa.

chleb, bułka, masło, szynka, ser żółty, sól, cukier, mleko, kawa, herbata, jajko, dżem

MENU
zupa, kotlet, mięso, kurczak, ryba, frytki, sałata
wino, piwo, woda mineralna, sok, lody, ciasto

owoce: banan, jabłko, gruszka, pomarańcza, cytryna

warzywa: kapusta, pomidor, ogórek, ziemniaki, cebula

1c Które słowo nie pasuje do pozostałych?

Przykład: wino – piwo – ~~woda~~

Nie pasuje **woda**, ponieważ jest bez alkoholu.

1. woda – ser – masło – dżem
2. zupa – wino – woda – chleb
3. lody – ciasto – kawa – ziemniaki
4. bułka – chleb – dżem
5. ser żółty – stół – sałata – sok
6. kapusta – pomidor – ogórek – jajko
7. kotlet – mięso – szynka – owoce

50

2a Proszę dopasować rysunki do dialogów.

CO JESZ?

– Co jesz na śniadanie (8.00 – 9.00)?
– (Na śniadanie jem) chleb, szynkę i ser.
○ a

– Co lubisz jeść na obiad (14.00 – 15.00)?
– (Na obiad lubię jeść) zupę pomidorową, ziemniaki, kotlet i sałatę.
○ b

– Co jesz na kolację (18.00 – 19.00)?
(Na kolację jem) bułkę z masłem i pomidorem.
○ c

CO PIJESZ?

– Co pijesz na śniadanie?
– (Piję) kawę z mlekiem albo herbatę.
○ a

– Co pijesz do obiadu?
– (Lubię pić) wodę mineralną albo sok pomarańczowy.
○ b

– Co lubisz pić do kolacji?
– (Lubię pić) herbatę z cytryną.
○ c

POWTÓRZENIE ODMIANY CZASOWNIKÓW JEŚĆ, PIĆ

Gramatyka

jeść + biernik		*pić* + biernik	
ja *jem*	my *jemy*	ja *piję*	my
ty	wy	ty	wy *pijecie*
on, ona, ono *je*	oni, one *jedzą*	on, ona, ono *pije*	oni, one

lekcja 6

2b Jest Pan / Pani szefem kuchni. Proszę zaplanować posiłek na dzisiaj, a następnie zaproponować go koledze / koleżance z grupy.

Dania: na śniadanie .... na obiad .... na kolację ....

Napoje: na śniadanie .... do obiadu .... do kolacji ....

2c Proszę uzupełnić nazwy potraw:

Przykład: Kawa z _mlekiem_ .

dżem   masło   frytki (l. mn.)
szynka   ✓mleko   cukier
cytryna   ziemniaki (l. mn.)

– Kotlet z ....
– Kurczak z ....
– Tradycyjny chleb z .... i .... lub ....
– Herbata zielona z ...., ale bez ....

UWAGA! herbata bez cukru
kawa bez mleka

bez + dopełniacz

2d Proszę zapytać kolegę / koleżankę, co zwykle je na śniadanie, obiad i kolację? Proszę zapisać odpowiedzi. Proszę przedstawić rezultaty swojej pracy na forum grupy.

Mój kolega / moja koleżanka..
....
....
....

3a Jaka to restauracja? Proszę dopasować nazwę restauracji do menu.

„Vega"   „Frutti di mare"   „Tokio"
   „Manhattan"   „Benito"

lekcja 6

a) Restauracja ....
• sałatka owocowa
• sałata zielona z sosem vinegret
• knedle
• tofu sojowe

b) Restauracja ....
ryż po japońsku
sushi
herbata zielona
sake

c) RESTAURACJA ....
» befsztyk
» frytki
» sałatka Coleslaw
» Pepsi
» kurczak
» pop-corn

d) Restauracja ....
karp
świeże kraby
makrela w sosie beszamelowym
tuńczyk

e) RESTAURACJA ....
Makaron z sosem pomidorowym, bazylią i oregano
pizza Margerita z oliwkami

3b Jakie menu oferują tradycyjne restauracje z Pana / Pani kraju lub regionu? Proszę przygotować krótkie menu.

....
....
....
....
....
....

LICZEBNIKI 100 – 1000 Słownictwo

4a Proszę dopasować słowa do liczb, a następnie przeczytać je na głos.

100 sto
200 ....
300 trzysta
400 ....
500 pięć**set**
600 sześć**set**
700 ....
800 osiem**set**
900 ....
1000 tysiąc

✓sto   czterysta
siedemset   dwieście
dziewięćset

Wymowa

4b Ile to jest? Proszę przeczytać na głos poprawne odpowiedzi.

1) 1000–550=   a) siedemset dziesięć
2) 570–340=   b) trzysta trzydzieści trzy
3) 920–210=   c) czterysta pięćdziesiąt
4) 122+211=   d) dwieście trzydzieści
5) 867+200=   e) tysiąc sześćdziesiąt siedem

Ortografia Wymowa

4c Ile jest...? Proszę przeczytać na głos poprawne odpowiedzi.

Przykład: 234+166= ....czterysta..........
a) 700–450= ....
b) 612+100= ....
c) 90+210= ....
d) 112+21= ....

4d Co mówi lektor?
CD

(520)	400	690	999	340	404	623	255	820	956
150	340	160	190	430	303	702	220	317	910
910	230	600	119	807	990	880	261	340	920

Wymowa

4e Proszę przeczytać na głos poprawne odpowiedzi.

5a Proszę na głos odpowiedzieć na pytania:

Słownictwo

lekcja 6

– Jaki numer telefonu mają te osoby?

Gosia: 0-65 122-509-409 Andrzej: 0-22 412-56-02 Marek: 0-51 654-45-29
Kasia: 505-675-432 Agnieszka: 608-004-987 Anna: 0-71 614-34-29

– Jaki Pan / Pani ma numer telefonu?

Mój numer telefonu to: zero zero czterdzieści osiem-dwanaście-czterysta jedenaście-dwadzieścia pięć--pięćdziesiąt osiem (0048-.... ....-.... ....-.... ....-.... ....).

– Jaki jest numer telefonu na policję, na pogotowie, do straży, do konsulatu?

Policja 997 Ambasada Republiki Federalnej Niemiec: 0-22 584-17-00
Pogotowie 999 Ambasada Republiki Francuskiej: 0-22 529-30-00
Straż pożarna 998 Ambasada Republiki Austrii: 0-22 841-00-81
Telefon alarmowy w UE 112

5b Proszę podać numer telefonu do restauracji, pizzerii, kawiarni, hotelu i kina.

Restauracja „Tradycyjna"
Kuchnia polska
ul. Staropolska 15
Rezerwacja –
tel. 0-12 673-23-89

Pizzeria „Bolonia"
ul. Włoska 165,
Kraków
tel. 0-12 542-14-90
Dostawa w 30 minut!

Kawa importowana z Brazylii!
Kawiarnia „Mała czarna"
ul. Kawowa 666
tel. 0-12 223-46-12

Hotel „Ambasador"
ul. Konsularna 45
tel. (+48) 12 444-33-90
5 minut od centrum!
Luksusowe apartamenty
Restauracja, basen, sauna

Kino „Panorama"
ul. Telewizyjna 1
Rezerwacja biletów tel. 0-12 811-00-34
Dla studentów 20% rabatu!

6 Proszę odpowiedzieć na pytania:

– Ile to kosztuje? Czy te produkty są drogie w Pana / Pani kraju?

kawa 5,40 zł
herbata 2,24 zł
szynka 18,99 zł
lody – gałka 1 zł
woda mineralna 1,99 zł
kurczak 15,33 zł

– Ile kosztują...?

ziemniaki 0,99 zł
pomidory 6,17 zł
banany 4,50 zł
cytryny 8,12 zł
ogórki 3,44 zł

1 złoty	1 grosz
2, 3, 4 złote	2, 3, 4 grosze
5 – 21 złotych	5 – 21 groszy
22, 23, 24 złote	22, 23, 24 grosze
X2, X3, X4 złote	X2, X3, X4 grosze
X1, X5, X6, X7, X8, X9 złotych	X1, X5, X6, X7, X8, X9 groszy

53

Ortografia

7a Proszę uzupełnić kartę: ✓ napoje gorące   napoje zimne   lody   alkohol   torty

---

KAWIARNIA „Filiżanka"

napoje gorące

Kawa espresso
Kawa z mlekiem
Herbata ekspresowa
Cappuccino

....

Lody waniliowe
Lody czekoladowe
Lody owocowe

....

Woda mineralna
Sok pomarańczowy
Tonik
Pepsi Cola

....

Piwo
Wino
Szampan

....

Tort marcepanowy
Tort czekoladowy
Tort owocowy

Wymowa

7b Proszę z kolegą / koleżanką na głos przeczytać dialog:

Kelner: Dzień dobry.
Klient: Dzień dobry.
Kelner: **Proszę kartę.**
Klient: Dziękuję.
Kelner: **Co dla pana / pani?**
Klient: **Proszę** kawę z mlekiem i wodę mineralną.
Kelner: Gazowaną czy niegazowaną?
Klient: Niegazowaną.
Kelner: Proszę bardzo. **Czy coś jeszcze?**
Klient: Nie, dziękuję.
(albo): Tak, proszę tort owocowy.

7c Proszę posłuchać dwóch dialogów, a następnie zaznaczyć w karcie, które produkty z karty kawiarni „Filiżanka" klienci zamawiają.

7d Jest Pan / Pani w kawiarni „Filiżanka". Proszę z kolegą / koleżanką przygotować dialog, a następnie odegrać go na forum grupy.

8a Proszę uzupełnić kartę:

✓ zupy   dania mięsne   dania z drobiu   napoje   dania z ryb   dania jarskie

RESTAURACJA „SMACZNEGO"

..........zupy..........   ....

Rosół z makaronem   Kawa   Bigos, chleb lub ziemniaki
Zupa pomidorowa   Herbata ekspresowa   Kotlet schabowy, ziemniaki
Barszcz czerwony   Piwo „Żywiec"   Befsztyk, frytki, sałatka
Zupa ogórkowa   Sok pomarańczowy   Gołąbki, ziemniaki

....

Kurczak, frytki, sałata   Karp, ziemniaki   Zestaw sałatek (4 sałatki)
Indyk, ziemniaki   Tuńczyk, ryż, pomidor   Kotlety z tofu
Sałatka makaronowa   Pierogi z serem
z kurczakiem

lekcja 6

Wymowa

8b Proszę z kolegą / koleżanką na głos przeczytać dialog.

Kelner: Dobry wieczór.
Klient: Dobry wieczór. **Proszę kartę.**
Kelner: Proszę. **Słucham pana / panią.**
Klient: Proszę rosół, kurczaka z ziemniakami i kawę.
Kelner: **Niestety, nie ma** rosołu.
Klient: Jest barszcz?
Kelner: Tak, bardzo smaczny.
Klient: Proszę barszcz. Dziękuję.

30 min
Klient: Proszę rachunek.
Kelner: Proszę bardzo. 35 złotych.
Klient: Proszę. **Reszta dla pana / pani.**
Kelner: Dziękuję bardzo. Dobranoc.
Klient: Dobranoc.

8c Jest Pan / Pani w restauracji „Smacznego". Proszę z kolegą / koleżanką przygotować dialog, a następnie odegrać go na forum grupy.

8d Proszę posłuchać nagrania *W restauracji*, a następnie zaznaczyć, który rachunek jest właściwy.

1
zupa pomidorowa   8.00 zł
kotlet   15.00 zł
ziemniaki   4.00 zł
piwo   5.00 zł

RAZEM   32.00 zł

2
barszcz   4.50 zł
befsztyk   10.50 zł
ziemniaki   4.00 zł
sałatka   2.50 zł
małe piwo   3.00 zł

RAZEM   24.50 zł

3
barszcz   4.50 zł
befsztyk   10.50 zł
ryż   4.50 zł
sałatka   2.50 zł
herbata   2.00 zł

RAZEM   24.00 zł

RESTAURACJA „SMACZNEGO"

barszcz   8.00 zł
kurczak
z ziemniakami   22.00 zł
kawa   5.00 zł

RAZEM   35.00 zł

9a Która to sytuacja? Proszę dopasować tekst do ilustracji.

☐ 1 – Smacznego!
– Dziękuję, nawzajem.

☐ 2 – Czy można tu palić?
– Nie, tu nie wolno palić.

☐ 3 – Przepraszam, gdzie tu jest telefon?
– Tam. Na prawo. ➡

☐ 4 – Przepraszam, gdzie tu jest toaleta?
– Tam. Na lewo. ⬅

☐ 5 – Przepraszam, czy mogę stąd zadzwonić?
– Tak, proszę bardzo. Tam jest telefon.

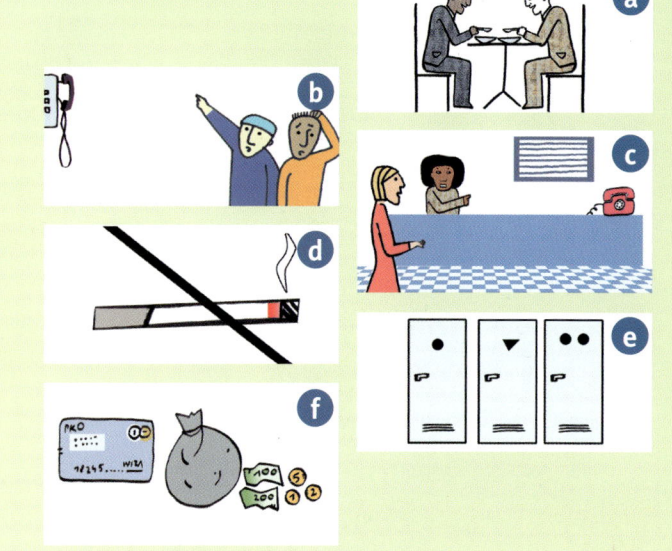

☐ 6 – Płaci pan kartą czy gotówką?
– Gotówką.

Wymowa

9b Proszę posłuchać dialogów z ćwiczenia 9a, a następnie z kolegą / koleżanką przeczytać je na głos.

Wymowa

10 Proszę posłuchać nagrania, a następnie na głos przeczytać wyrażenia:

– Lubię pizzę.
– Piję kawę.
– Jem kolację.
– Proszę.
– Dziękuję.

kotlet – frytki – kartofle – szynka
– sznycel – tuńczyk – dżem
kolacja – restauracja – lekcja

coś – czy – jeszcze
sześć – cześć
trzy – trzydzieści – trzysta
cztery – czterysta – czterdzieści

11 Proszę przeczytać ofertę pizzerii i odpowiedzieć na pytania:

– Jak nazywa się pizzeria? Jaki jest jej adres i numer telefonu?
– Jaki jest czas dostawy (transportu)?
– Ile kosztuje duża pizza Capricciosa?
– Jakie napoje można zamówić?
– Jaką pizzę pan / pani zamawia?

Pizza na telefon

Pizzeria „Wezuwiusz"

tel. 0-12 789-11-34
ul. Kucharska 7

Na miejscu 10% taniej!
Kup 2 duże pizze, a dostaniesz litr soku gratis!

Dostawa w 20 minut

Minimalna wartość zamówienia 15,00 zł

Proponujemy	MAŁA (25 cm)	ŚREDNIA (35 cm)	DUŻA (42 cm)
Margharita sos pomidorowy, ser, oliwki, przyprawy	11,50	12,50	13,40
Salami sos pomidorowy, ser, salami, przyprawy	12,60	13,70	15,20
Hawajska sos pomidorowy, ser, szynka, ananas, przyprawy	13,10	14,90	16,80
Capricciosa sos pomidorowy, ser, pieczarki, szynka, papryka, przyprawy	12,30	14,30	17,20
Wegetariana sos pomidorowy, ser, pieczarki, papryka, pomidor, ogórek, cebula, przyprawy	13,50	14,30	17,40
Prima sos pomidorowy, ser, pieczarki, kurczak, oliwki, kukurydza, przyprawy	14,60	15,90	18,90
Frutti di mare sos pomidorowy, ser, owoce morza, przyprawy	14,60	15,90	18,90
Napoje Coca-Cola, Fanta, Sprite			4,00
Bonaqua			3,00

12a Gdzie możemy tak powiedzieć?

- Smacznego!
- Proszę, to moja wizytówka.
- Bardzo mi miło.
- Mogę prosić sól?
- Słucham.
- Czy jest chleb?
- Reszta dla pana / pani.
- Dziękuję, nawzajem.
- Ile to kosztuje?
- Co do picia?
- Czy coś jeszcze?

Wymowa

12b Proszę przeczytać na głos zdania z ćwiczenia 12a z odpowiednią intonacją.

13 Co to znaczy? Proszę wyjaśnić te informacje po polsku.

BAR MLECZNY

Rezerwacja od 19.00

ZAMKNIĘTE

OTWARTE od 7.00 do 16.00

Zestaw obiadowy 9 zł

Sala dla niepalących

TOALETA NIECZYNNA

Czy już to umiesz?

Marek jest w restauracji. Proszę ułożyć dialog.

- [1] Marek: Dzień dobry.
- [2] Kelner: Dzień dobry.
- [ ] Marek: Proszę kartę.
- [ ] Marek: Proszę zupę pomidorową z ryżem, na drugie danie ziemniaki i kotlet schabowy z kapustą.
- [ ] Marek: Do widzenia.
- [ ] Marek: Proszę lody owocowe.
- [ ] Marek: Reszty nie trzeba.
- [ ] Marek: Proszę rachunek.
- [ ] Kelner: Proszę. Co dla pana?
- [ ] Kelner: Proszę bardzo.
- [ ] Kelner: A co na deser?
- [ ] Kelner: Dziękuję bardzo. Do widzenia.
- [ ] Kelner: Proszę. 27 zł.

lekcja 6

lekcja 7

Sytuacje komunikacyjne opis dnia codziennego
Słownictwo rutyna dnia codziennego, godziny, pory dnia, dni tygodnia, środki komunikacji
Gramatyka i składnia odmiana czasowników *iść, chodzić, jechać, jeździć, umieć, wiedzieć, znać, spotykać się, spotykać*, narzędnik zaimków osobowych, liczebniki porządkowe 1 – 24
Materiały autentyczne notatki w kalendarzu, program kin i teatrów przez telefon

Zwykle nic nie robię.

Słownictwo

1a Proszę podpisać rysunki. Co robi pan Kowalski?

> jeść, -m, -sz śniadanie   pić, piję, pijesz kawę   iść, idę, idziesz do pracy   pracować, -ę, -esz
> jeść obiad   robić, -ę, -isz zakupy   wracać, -m, -sz do domu   oglądać, -m, -sz telewizję
> czytać, -m, -sz książkę   iść na spacer   iść spać   spotykać, -m, -sz się z kolegą
> rozmawiać, -m, -sz przez telefon   spać, śpię, -isz

budzić się, -ę, -isz

wstawać, wstaję, wstajesz

brać prysznic, biorę, bierzesz

myć zęby, myję, myjesz

....

....

....

58

1b Proszę zapytać kolegę / koleżankę:

Co zwykle robisz najpierw?

Zwykle najpierw..., a potem...

- pijesz kawę/herbatę czy bierzesz prysznic?
- bierzesz prysznic czy jesz śniadanie?
- ubierasz się czy jesz śniadanie?
- jesz śniadanie czy czytasz gazetę?
- jesz śniadanie czy idziesz do pracy?

Gramatyka

1c Co robimy najpierw, a co potem?

Przykład: (ja) / wstawać / budzić się
Najpierw budzę się, a potem wstaję.

1. on / myć zęby / wstawać
2. (ja) / iść do pracy / ubierać się
3. oni / robić zakupy / iść do sklepu
4. ona / iść spać / iść na spacer
5. (my) / jeść kolację / myć zęby
6. (my) / brać prysznic / iść do pracy
7. ona / iść spać / jeść kolację
8. oni / brać prysznic / wstawać
9. (wy) / oglądać telewizję / iść spać

2a Proszę porozmawiać z kolegą / koleżanką i opisać dzień Ani.

DZIEŃ ANI – CO ANIA ROBI NAJPIERW, A CO POTEM?

Jak myślisz, czy Ania najpierw..., czy...?
Myślę, że (ona) najpierw..., a potem...

[1] Ania budzi się i
[ ] Robi zakupy i wraca do domu.
[ ] Potem ubiera się i robi makijaż.
[ ] Robi i je śniadanie.
[ ] Jedzie tramwajem do pracy.
[ ] wstaje, myje zęby i bierze prysznic.
[ ] Pracuje, pracuje, pracuje, pracuje: pisze i czyta maile i rozmawia przez telefon.
[ ] Wieczorem spotyka się z Andrzejem i idą razem do kawiarni,
[ ] Robi krótką przerwę – je szybko mały obiad,
[ ] a potem znowu pracuje.
[ ] Na dyskotece Ania
[ ] W domu dzwoni do przyjaciółki i rozmawia z nią godzinę.
[ ] tam spotykają przyjaciół ze studiów i spontanicznie idą z nimi na dyskotekę.
[ ] tańczy i rozmawia z przyjaciółmi. Potem jedzie taksówką do domu.
[15] Jest bardzo zmęczona, bierze prysznic i idzie spać.

lekcja 7

59

Gramatyka

GRAMATYKA PO POLSKU

Proszę połączyć terminy gramatyczne z właściwymi przykładami.

0. narzędnik
1. biernik
2. liczba pojedyncza
3. liczba mnoga
4. przyimek
5. zaimek osobowy
6. bezokolicznik

a) ja, on, wy
b) kolegą, kolegami, profesorem
c) do, z, w
d) idę, mówię
e) idą, mówią
f) kolegę, kolegów, profesora
g) iść, wracać, pisać

UWAGA!

nie planuję spotkania	planuję spotkanie
spotykać + biernik	*spotykać się* + narzędnik
znajomych	ze znajomymi
kolegów	z kolegami
przyjaciół	z przyjaciółmi

ZAIMKI OSOBOWE – NARZĘDNIK

liczba pojedyncza	
ja	mną // ze mną
ty	tobą // z tobą
on / ono	nim // z nim
ona	nią // z nią

liczba mnoga	
my	nami // z nami
wy	wami // z wami
oni / one	nimi // z nimi

2b Proszę uzupełnić zdania formami w bierniku lub narzędniku. Czy jest potrzebny przyimek?

Przykład: ......*Ze znajomymi*...... zwykle spotykam się w klubie „Pauza" albo „Enzym".

1. Kiedy czekam na autobus, często spotykam .... (Marek)
2. Magda, zawsze kiedy nie chce, spotyka swojego .... (ekschłopak)
3. Lubię spotykać się .... i rozmawiać z nimi o polityce. (znajomy – liczba mnoga)
4. Marek często chodzi do klubu i zawsze spotyka tam .... (przyjaciel – liczba mnoga)
5. Teraz mam czas i często spotykam się .... (przyjaciel – liczba mnoga)

2c Proszę odpowiedzieć na pytania. W odpowiedziach proszę użyć zaimków osobowych w narzędniku.

Przykład: Czy lubisz rozmawiać z dziećmi? ......*Tak, lubię z nimi rozmawiać.*......
1. Czy często spotykasz się ze znanymi politykami? ....
2. Interesujesz się popularnymi osobami? ....
3. Lubisz rozmawiać z Polakami? ....
4. Czy rozmawiasz teraz z kolegą z kursu? ....
5. Czy rozmawiasz teraz z koleżanką z kursu? ....
6. Lubisz się z nami spotykać? ....
7. Lubisz się ze mną spotykać? ....

3a Proszę uzupełnić tabelę. Proszę zapytać kolegę / koleżankę, co zwykle robi rano / przed południem / w południe / po południu itd.

KIEDY?	JA	MÓJ KOLEGA / MOJA KOLEŻANKA
rano		
przed południem		
w południe (12:00)		
po południu		
wieczorem		
o północy (24:00)		

3b Proszę przedstawić plan dnia kolegi / koleżanki.

4 Jak Pan / Pani myśli, kim są te osoby? Jak wygląda ich dzień? Co robią codziennie? Co robią zwykle w weekend? Co zwykle robią rano, co wieczorem? Czy chodzą do teatru? Kiedy robią zakupy – rano, a może po południu? Co robią przed południem? Co robią wieczorem? Dlaczego Pan / Pani tak myśli?

Myślę, że ten mężczyzna / ta kobieta zwykle ...., bo..............

5a Ania rozmawia z Andrzejem przez telefon. Proszę posłuchać dialogu i uzupełnić kalendarz Ani i Andrzeja.

kiedy?	Ania	Andrzej
w poniedziałek	jedzie do Warszawy	spotyka się z kolegą
we wtorek	uczy się do egzaminu	
w środę		
w czwartek		idzie z Tomkiem na basen
w piątek		
w sobotę	jedzie do Poznania	nie ma planu
w niedzielę		jedzie do Zakopanego

Wymowa

5b Proszę porównać swoje odpowiedzi z odpowiedziami kolegi / koleżanki, a następnie przeczytać na głos, co robią Ania i Andrzej w tym tygodniu.

5c Proszę posłuchać jeszcze raz i zdecydować, czy to prawda (P) czy nieprawda (N)?

Przykład: Ania chodzi na kurs francuskiego. **P** / N
1. Wojtek też idzie na basen. P / N
2. Na dyskotekę idą też Wojtek i Beata. P / N
3. Ania jedzie do Poznania w sobotę wieczorem. P / N
4. Andrzej mówi, że Ania zawsze gdzieś jeździ i jeździ. P / N
5. Andrzej nie lubi chodzić z Anią na dyskotekę. P / N
6. Andrzej jedzie do Zakopanego pociągiem. P / N

5d Proszę pracować w grupie. Proszę przeczytać jeszcze raz zdania z ćwiczenia 5c. Kiedy mówimy *idę* albo *jadę*, a kiedy mówimy *chodzę* albo *jeżdżę*? Jak Państwo myślą, jaka jest reguła?

KTÓRA (JEST) GODZINA?

	Styl oficjalny	Styl nieoficjalny
21:00	dwudziesta pierwsza	dziewiąta
7:15	siódma piętnaście	piętnaście / kwadrans **po** siódm**ej**
16:20	szesnasta dwadzieścia	dwadzieścia **po** czwart**ej**
8:30	ósma trzydzieści	wpół **do** dziewiąt**ej**
22:30	dwudziesta druga trzydzieści	wpół **do** jedenast**ej**
17:55	siedemnasta pięćdziesiąt pięć	za pięć szósta

9a Proszę posłuchać nagrania i zdecydować, jaka jest prawidłowa kolejność dialogów oraz napisać, gdzie rozmawiają te osoby.

☐ ....
Pan X: Przepraszam pana bardzo, która jest godzina?
Pan Y: Zaraz, chwileczkę, jest dokładnie 1.00.
Pan X: Na pewno?! Za 6 minut mam pociąg do Warszawy.
Pan Y: Ma pan mało czasu!

☐ ....
Wojtek: O cześć, Jacek! Przepraszam cię, wiesz, która jest godzina?
Jacek: 15:15
Wojtek: Tak??? Już tak późno? Marta jest oczywiście znów niepunktualna. Czekam tu już pół godziny.
Jacek: O, to chyba idzie Marta...
Wojtek: No, jesteś nareszcie!
Marta: Przepraszam cię bardzo.

☐ ....
Tomek: Przepraszam, o której godzinie jest autobus do Zakopanego?
Kasjer: Rano, przed południem, po południu czy wieczorem?
Tomek: Rano i przed południem.
Kasjer: Autobusy do Zakopanego... Rano: godzina 6:00, 6:20, 7:00, 8:50, 10:07...
Tomek: Przepraszam, mówi pan za szybko, bardzo proszę mi to napisać...

☐ ....
Mężczyzna: Przepraszam panią, która jest teraz godzina?
Kobieta: Oj, nie wiem, niestety nie mam zegarka.

9b Proszę zdecydować, które zdanie jest prawdziwe. Dlaczego?

1. Pociąg do Warszawy jest za sześć pierwsza.
   Pociąg do Warszawy jest sześć po pierwszej.
2. Jacek czeka na Martę od za piętnaście trzecia.
   Jacek czeka na Martę od wpół do trzeciej.
3. Kasjer nie mówi wolno.
   Kasjer nie chce napisać, o której godzinie są autobusy wieczorem.

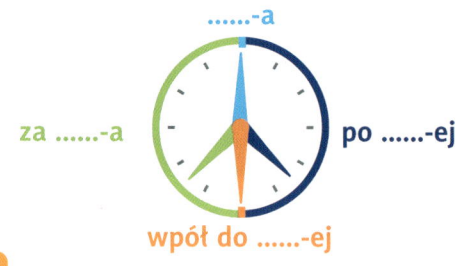

........-a
za ....-a   po ....-ej
wpół do ....-ej

Wymowa

9c Proszę powtórzyć za nauczycielem:

- Zaraz, chwileczkę.
- Jest dokładnie 1.00.
- Na pewno??
- Tak?? Już tak późno??
- Czekam tu już pół godziny.
- No, jesteś nareszcie.

- Przepraszam Cię bardzo.
- Przepraszam, mówi pan za szybko!
- Bardzo proszę mi to napisać.
- Oj, nie wiem.
- Niestety, nie mam zegarka.

Wymowa

9d Proszę ułożyć z kolegą / koleżanką dialogi analogiczne do tych z ćwiczenia 9a. Proszę przeczytać na głos te dialogi.

10a Proszę napisać, która jest godzina.

szesnasta piętnaście ....
osiemnasta dwadzieścia pięć ....
dwudziesta druga dziesięć ....
piętnasta trzydzieści ....
ósma czterdzieści pięć ....
dwudziesta trzecia pięćdziesiąt ....
dwunasta piętnaście ....
osiemnasta dwadzieścia ....

Wymowa

10b Proszę przeczytać na głos, która jest godzina (w stylu oficjalnym i nieoficjalnym).

● **Gramatyka** — LICZEBNIK

10c Proszę napisać formy nieoficjalne.

1:10 – jest dziesięć po ....
4:20 – jest dwadzieścia po ....
14:07 – jest siedem po ....
17:15 – jest piętnaście po ....
20:25 – jest dwadzieścia pięć po ....
....

19:30 – jest wpół do ....
21:30 – jest wpół do ....
11:30 – jest wpół do ....

15:55 – jest za pięć ....
10:55 – jest za pięć ....
12:50 – jest za dziesięć ....
17:49 – jest za jedenaście ....
20:40 – jest za dwadzieścia ....
1:45 – jest za kwadrans ....

10d Proszę zapytać kolegę / koleżankę, która to godzina?

14:45	15:15	21:10	20:25
5:30	21:30	12:00	16:00
21:15	13:05	13:55	23:35
11:05	18:00	6:00	17:40
1:05	9:15	10:05	23:10
8:45	7:10	10:20	17:10
13:30	23:00	19:10	22:00
	4:55	18:30	

lekcja **7**

I Proszę utworzyć zdania.

0. Umiem   a) taksówką.
1. Biorę   b) pracy.
2. Jem   c) książkę.
3. Idę   d) spać.
4. Myję   e) przyjaciółką.
5. Znam świetnie   f) gramatykę.
6. Oglądam   g) telewizję.
7. Czytam   h) tańczyć.
8. Idę na   i) przyjaciółkę.
9. Idę do   j) pieszo.
10. Wracam do   k) prysznic.
11. Spotykam się z l) śniadanie.
12. Spotykam   ł) że ten film jest dobry.
13. Jadę   m) zęby.
14. Idę   n) domu.
15. Wiem,   o) spacer.

II Które słowo nie pasuje do pozostałych? Dlaczego?

1. piętnasta – piętnaście – szesnasta – siedemnasta
2. wpół do – po – za – w
3. rano – wieczorem – zwykle – przed południem
4. w południe – często – rzadko – nigdy
5. biorę – jadę – pisze – idę
6. z – do – na – ona
7. wracać – dzień – iść – jechać
8. taksówką – samochodem – pieszo – tramwajem
9. poniedziałek – o północy – wtorek – niedziela
10. dwudziesta – ósma – pięć – dziewiętnasta

Czy już to umiesz?

65

lekcja 8 — Może pójdziemy do kina?

Sytuacje komunikacyjne pytanie o godzinę (*o której...?, od – do której...?*) oraz o rutynę dnia codziennego, umawianie się na spotkanie, pytanie o informację (dworzec, hotel), zamawianie taksówki, pomyłka telefoniczna

Słownictwo pociągi, powtórzenie dni tygodnia

Gramatyka i składnia dopełniacz liczby pojedynczej przymiotników i rzeczowników – w wyrażaniu kierunku (pytanie *dokąd?*) i w wyrażaniu negacji. Powtórzenie form biernika – pytanie o cel (*na co?*)

Materiały autentyczne program telewizyjny, plan wizyty biznesmena, rozkład jazdy pociągów, bilet na pociąg

---

O KTÓREJ GODZINIE się spotkamy?
jest film?
zaczyna się lekcja?
odjeżdża pociąg do Krakowa?

Słownictwo

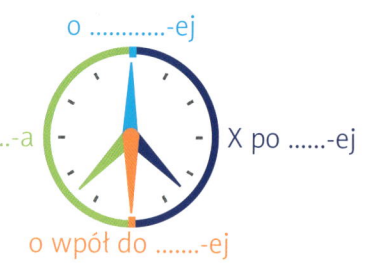

o ....-ej
za X ....-a   X po ......-ej
o wpół do ....-ej

	oficjalnie 24h	nieoficjalnie 12h + 12h
13:00	o trzynast**ej**	**o p**ierwsz**ej**
13:15	o trzynast**ej** piętnaście	piętnaście **po** pierwsz**ej**
13:30	o trzynast**ej** trzydzieści	**o wpół do** drugi**ej**
13:45	o trzynast**ej** czterdzieści pięć	**za** piętnaście drug**a**
14:00	o czternast**ej**	o drugi**ej**

1a Proszę zapytać kolegę / koleżankę, o której godzinie zwykle:

– wstaje?
– robi zakupy?
– chodzi do pracy / na uniwersytet?
– wraca do domu?
– je obiad?
– chodzi spać?

Przykład:
– O której zwykle wstajesz?
– Zwykle wstaję o siódmej, ale w Polsce trochę później – o wpół do ósmej.

1b Program telewizyjny. Co chce Pan / Pani obejrzeć i dlaczego?

Chcę obejrzeć film sensacyjny (komedię, serial, program sportowy, wiadomości).
o godzinie...   w pierwszym programie,
w drugim programie,
w Polsacie,
w TVN,
bo lubię...
bo interesuję się...

TVP 1

13:10 Co pani na to? – program publicystyczny
13:35 Kochamy polskie seriale – teleturniej
14:05 „Chłopi" (1/2) – film polski 1973 Reż. Jan Rybkowski, Wyk.: Władysław Hańcza, Emilia Krakowska, Ignacy Gogolewski, Franciszek Pieczka
15:40 Czas na dokument – BBC w Jedynce: „Dziki Nowy Świat" – angielski serial dokumentalny
16:30 Trop sekret – magazyn
17:00 Teleexpress
17:20 Sportowy Express
17:25 Dziennik telewizyjny – program satyryczny Jacka Fedorowicza
17:35 Śmiechu warte
18:00 Lokatorzy – serial TVP
18:30 Jaka to melodia? - teleturniej
19:00 Wieczorynka: Kubusiowe opowieści
19:30 Wiadomości
20:15 Tak czy nie? (1/12) – serial TVP 2003, reż. Ryszard Bugajski, wyk.: Bogusław Linda, Krzysztof Kolberger, Renata Gabryjelska, Krzysztof Globisz
21:15 Spełniamy marzenia
21:50 Czas na dokument: „Ballada o lekkim zabarwieniu erotycznym" (3) – telenowela dokumentalna TVP
22:15 Losowanie audiotele
22:25 Uczta kinomana: „Wszystko o mojej matce" (Todo sobre mi madre) – film francusko-hiszpański 1999, reż. Pedro Almodóvar, wyk.: Cecylia Roth, Marisa Paredes, Kandela Pena, Penelope Cruz (97 min)

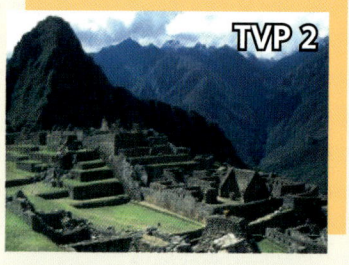

TVP 2

10:25 Podróże w czasie i przestrzeni – miesiąc z National Geographic: „Mumie Inków. Tajemnice zaginionego imperium" – film dok. USA 2002
11:25 Podróże kulinarne Roberta Makłowicza: „Bardzo słony smak"
11:55 „Caddie" – melodramat australijski 1976
13:45 Smak Europy
14:00 Familiada – teleturniej
14:30 Złotopolscy – telenowela TVP
15:00 VII Międzynarodowy Festiwal Sztuki Cyrkowej w Warszawie
16:00 Na dobre i na złe – serial TVP
16:55 Taryfa ulgowa
17:20 Smak Europy
17:35 7 dni świat
18:00 Program lokalny
18:30 Panorama
19:05 Święta wojna – serial TVP
19:30 Tylko futbol – magazyn
20:00 Kabaretowa liga Dwójki: „Dla mnie bomba! – półfinał 2."
20:55 Tylko tato (5) – telenowela dok.
21:55 Zwierzenia kontrolowane: Krzysztof Majchrzak
22:00 Panorama
22:35 Losowanie audiotele
22:40 Złota dwunastka oper: „Opowieści Hoffmanna" – przedstawienie angielskie 1981, dyr. Georges Pretre, wyk.: Placido Domingo, Agnes Baltsa, Ileana Cotrubas, Luciana Serra (150 min).

66

**OD KTÓREJ (godziny) DO KTÓREJ (godziny)...?
JAK DŁUGO?**

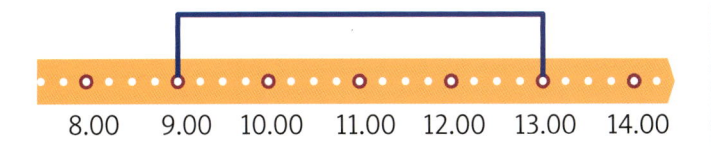

8.00 — 9.00 — 10.00 — 11.00 — 12.00 — 13.00 — 14.00

Od której do której jest lekcja? (9.00 – 13.00)
Lekcja jest od dziewiątej do trzynastej.

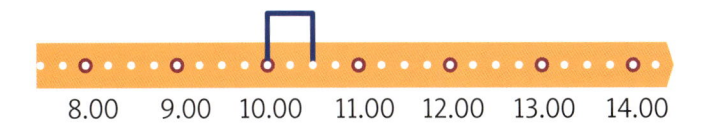

8.00 — 9.00 — 10.00 — 11.00 — 12.00 — 13.00 — 14.00

Od której do której jest przerwa? (10.00 – 10.30)
Przerwa jest od dziesiątej do wpół do jedenastej.

POLSAT
06:00 Mop Man – magazyn muzyczny
07:00 4x4 – magazyn motoryzacyjny
07:30 Magazyn religijny
08:00 Niezwyciężony Spider-Man – serial animowany
08:30 Piesek Poochini – serial
09:00 Hugo – program dla dzieci
09:30 Poplista
10:30 Słoneczny patrol – serial USA
11:25 Podaruj dzieciom słońce
11:35 „Kaczor Howard" – film s.f. USA 1986, reż. William Huyck, wyk.: Lea Thompson, Jeffrey Jones, Ed Gale, Tim Robbins
13:40 „Powrót Ernesta" – komedia USA 1993, reż. John R. Cherry, wyk.: Jim Varney, Ron James, Linda Kash, Tom Butler
15:35 Podaruj dzieciom słońce
15:45 Informacje
16:05 Buffy - postrach wampirów – serial USA
17:00 Z kamerą wśród ludzi – talk-show
17:55 Rodzina zastępcza – polski serial komediowy
18:30 Informacje i sport
19:05 Uwaga, Hotel!
20:05 Idol III – program rozrywkowy (ok. 21.30 Studio LOTTO)
21:40 24godziny (7) – serial sensacyjny USA
22:35 Idol III – wyniki
22:55 Kuba Wojewódzki
00:00 Raport specjalny: „Rok bez wyroku" – reportaż

TVN
09:15 „Książę i żebrak" – film przygodowy USA 2000, reż. Giles Foster, wyk.: Aidan Quinn, Alan Bates, Robert Timmins, Jonathan Timmins
11:10 Twoja droga do gwiazd – program rozrywkowy
12:30 Boks – walka o tytuł mistrza świata WBO w kategorii półciężkiej: Dariusz Michalczewski - Julio Cesar Gonzalez
13:30 Co za tydzień! – magazyn
13:55 „Szpiedzy tacy jak my" – komedia USA 1985, reż. John Landis, wyk.: Chevy Chase, Dan Aykroyd, Steve Forrest
16:00 Kropek
16:15 Ale plama! – program rozrywkowy
16:45 Usterka – serial dokumentalny
17:15 Narodowy test inteligencji (1)
19:00 TVN Fakty
19:40 Uwaga! – magazyn
20:00 Narodowy test inteligencji (2). Widzowie na terenie całego kraju będą mieli niepowtarzalną szansę sprawdzenia poziomu swojego ilorazu inteligencji (IQ). Test przeprowadzony zostanie za pomocą SMS i dodatkowo internetu
21:55 pod napięciem – talk-show
22:25 Superwizjer – magazyn
22:55 Nie do wiary – opowieści niesamowite
23:25 Miasto zbrodni – serial dokumentalny
23:55 Ale plama!
00:25 Nikita (27/96) – serial USA

2a Proszę zapytać kolegę / koleżankę, od której do której zwykle:

– ogląda telewizję?
– czyta?
– pracuje / ma zajęcia na uniwersytecie?
– uczy się polskiego?
– pisze e-maile lub czatuje w Internecie?
– śpi?

Ortografia

2b Proszę napisać słownie (oficjalnie i nieoficjalnie):

Przykład: Wstaję o 7.30 – *o siódmej trzydzieści*
(lub ......*o wpół do ósmej*......).

a) W piątek mam lekcję o 13:00 ....
   (lub: ....).

b) Zwykle robię zakupy o 15:00 ....
   (lub: ....).

c) W niedzielę chodzę na spacer o 17:00 ....
   .... (lub: ....).

d) Oglądam telewizję o 20:00 ....
   (lub: ....).

e) Chodzę spać o 23:00 ....
   (lub: ....).

2c Proszę poprawić, jeśli godzina podana słownie nie jest właściwa. Proszę porównać swoje odpowiedzi z odpowiedziami kolegi / koleżanki.

Przykład: o 12:00 = ~~o dwudziestej~~ *o dwunastej*

a) o 13:00 = o pierwszej ....
b) o 17:00 = o siódmej ....
c) o 23:00 = o dwudziestej trzeciej ....
d) o 14:00 = o czterdziestej ....
e) o 16:00 = o czwartej ....

lekcja **8**

Słownictwo — POWTÓRZENIE

3 Gdzie są nazwy dni tygodnia? (6) →↓

R	H	B	K	N	W	T	O	R	E	K	O	N
W	K	A	C	I	K	L	E	P	N	X	Z	I
P	O	N	I	E	D	Z	I	A	Ł	E	K	E
I	Ś	R	O	D	A	D	N	W	O	U	B	D
Ą	Ę	C	Z	W	A	R	T	E	K	C	Z	Z
T	R	M	I	M	N	I	E	G	O	R	Z	I
E	F	U	E	S	O	B	O	T	A	T	K	E
K	W	A	L	L	O	U	N	K	I	H	E	L
C	Z	Ł	A	W	T	G	V	S	Z	A	G	A

4 Proszę przeczytać notatki w kalendarzu pana Grubera, a następnie odpowiedzieć na pytania.

Plan wizyty pana Grubera w Polsce

7.00	samolot do Krakowa
10.00 – 11.00	spotkanie z panem Wójcikiem – dyrektorem firmy ABC
11.15 – 13.45	wizyta w Muzeum Narodowym i na Wawelu
14.00 – 15.00	dyskusja z dyrektorem finansowym koncernu XYZ
15.00 – 16.00	przerwa na obiad
15.00 – 17.30	wizyta w banku KTR
17.30 – 19.00	kolacja w japońskiej restauracji
20.00	samolot do Monachium

a) Jak Pan / Pani myśli, kim jest pan Gruber? Co robi w Polsce?
b) O której pan Gruber ma samolot do Krakowa?
c) Z kim ma spotkanie o 10.00?
d) O której idzie do muzeum?
e) Od której do której ma przerwę na obiad?
f) Gdzie je kolację?
g) O której wraca do Monachium?

5 Proszę posłuchać nagrania *Andrzej mówi o sobie*, a następnie odpowiedzieć, czy to prawda (P) czy nieprawda (N):

Przykład: Andrzej pracuje jako inżynier. (P) N
1. On pracuje od 9.00 do 18.00. P / N
2. Ma 30 minut przerwy na lunch. P / N
3. Wraca do domu o 17.30. P / N
4. Ogląda wiadomości. P / N
5. Nie ma żony. P / N
6. Gra w tenisa od 20.00 do 21.00. P / N
7. Czasem pracuje w sobotę 4 godziny. P / N
8. W niedzielę też pracuje. P / N

Słownictwo

MOŻE SIĘ SPOTKAMY?

6a Proszę posłuchać nagrania, a następnie odpowiedzieć, czy to prawda (P) czy nieprawda (N):

Przykład: Beata telefonuje do Piotra. (P) N
1. Piotr robi coś interesującego. P / N
2. W kinie jest festiwal polskich filmów. P / N
3. Piotr lubi japońskie filmy. P / N
4. Piotr i Beata idą na kawę do restauracji. P / N

6b Proszę przeczytać tekst dialogu z ćwiczenia 6a, a następnie odpowiedzieć na pytania:

1. Czy Piotr i Beata są rodzeństwem?
2. Co interesującego jest w teatrze?
3. Gdzie i o której (godzinie) Piotr i Beata się spotykają?

SPOTKANIE

Piotr: Słucham!
Beata: Cześć, tu Beata.
Piotr: A, cześć. Co słychać?
Beata: Dziękuję, wszystko w porządku. Co robisz?
Piotr: Nic specjalnego. Trochę pracuję na komputerze.
Beata: **Może pójdziemy do kina?**
Piotr: **Dobry pomysł**, ale nie wiem, co jest w kinie.
Beata: W „Apollo" jest festiwal filmów japońskich.
Piotr: Nie lubię filmów japońskich.
Beata: **Co proponujesz?**
Piotr: **Może teatr?**
Beata: Nie ma dzisiaj nic interesującego.
Piotr: **Może pójdziemy na kawę do kawiarni?**
Beata: Dobrze, na Rynek. Gdzie się spotkamy?
Piotr: Na Rynku, może o szóstej?
Beata: Dobrze. Cześć.
Piotr: Pa!

Spotkanie

Może pójdziemy	do	kina	teatru	kawiarni	pubu	restauracji?	(dopełniacz)
	na	film	spektakl	kawę i lody	piwo	obiad?	(biernik)
Proponuję		kino	film	teatr	lody	obiad	kawę	(biernik)

TAK
To dobry pomysł!
Dobrze, dlaczego nie?
Świetnie, bardzo lubię...

NIE
Nie, nie lubię...
Niestety, nie mogę.
Przepraszam, ale nie mam czasu.

?
Jeszcze nie wiem.
Może.

6c Dokąd idziemy i na co? Proszę porównać swoje odpowiedzi z odpowiedziami kolegi / koleżanki.

Idziemy

dokąd? — **na co?**

Przykład: do włoskiej kawiarni — na kawę

1. do dobrej restauracji
2. do Teatru Starego
3. do nowego klubu
4. do muzeum
5. do filharmonii
6. do tej galerii
7. do koleżanki / do kuzyna
8. do dużego parku
9. do tego kina
10. do irlandzkiego pubu
11. do polskiej szkoły
12. **na** uniwersytet

a) na wykład
b) na imprezę
c) na koncert
d) na dyskotekę
e) na piwo
f) na obiad / na kolację
g) na wystawę
h) na spektakl
i) na lekcję
j) na wystawę
k) na spacer
l) na film

6d Proszę z kolegą / koleżanką dokończyć dialogi, a następnie przedstawić je na forum grupy.

– Kiedy masz czas?
– W piątek. A dlaczego pytasz?
– Może pójdziemy do teatru?
– Nie. Wolę kino.
– ...

– Czy masz czas w poniedziałek o piątej?
– Niestety, nie. Mam lekcję angielskiego.
– Może w środę?
– Tak, w środę mam czas. Co proponujesz?
– Może...

lekcja **8**

6e Jakie Pan / Pani ma plany? Proszę uzupełnić ten kalendarz w kilku miejscach.

MÓJ PLAN

	w poniedziałek	we wtorek	w środę	w czwartek	w piątek	w sobotę	w niedzielę
9:00 – 12:00							
12:00 – 16:00							
16:00 – 20:00							
20:00 – 24:00							

6f Proszę umówić się na spotkanie z trzema osobami z grupy, a następnie wpisać do tabeli z ćwiczenia 6e terminy spotkań i informacje o nich.

Frazy:
- *Kiedy masz czas? Czy masz czas w..., o...?*
- *Może pójdziemy do...?*
- *Co proponujesz?*
- *Może...*
- *Gdzie się spotkamy? O której?*

6g Joanna jest bardzo zajęta. Proszę posłuchać dwóch dialogów i wpisać do tabeli, kiedy i o której Joanna:

a) ma wizytę u dentysty?
b) spotka się z Karoliną?

	w poniedziałek	we wtorek	w środę	w czwartek	w piątek	w sobotę	w niedzielę
9:00 – 12:00	lekcja angielskiego						
12:00 – 16:00		basen (14 – 15)				obiad z rodzicami	
16:00 – 20:00							
20:00 – 24:00			randka z Michałem				

70

Gramatyka — DOPEŁNIACZ LICZBY POJEDYNCZEJ

7a Proszę wpisać trzy formy dopełniacza z ćwiczenia 6c:

rodzaj męski	rodzaj żeński	rodzaj nijaki
do nowego klubu	*do dobrej restauracji*	*do tego kina*

7b Jak Pan / Pani myśli, jakie są reguły dopełniacza? Proszę porozmawiać z kolegą / koleżanką.

7c Proszę sprawdzić reguły w tabeli:

DOPEŁNIACZ: kogo? czego?
Jakiego? Jakiej? Jakiego?

	Liczba pojedyncza			
	przymiotnik	*rzeczownik*		
Jedziemy do: Nie lubię:	• Paryża, nowego klubu żółtego sera, makaronu	-ego	-a / -u	rodzaj męski nieżywotny
	• mojego kuzyna	-ego	-a	rodzaj męski żywotny
	• dobrej restauracji	-ej	-y / (-k, -g, -j, miękkie) -i	rodzaj żeński
	• nowego kina	-ego	-a	rodzaj nijaki

To sympatyczny Polak.
On jest sympatycznym Polakiem.
On ma sympatyczną rodzinę:
ojca, matkę, żonę, dziecko i psa.
Lubi chodzić do restauracji, ale nie lubi pić kawy.

Pan Kowalski

7d Proszę przeczytać jeszcze raz wszystkie formy z ćwiczenia 6c i określić, które formy są rodzaju męskiego, żeńskiego, a które nijakiego.

7e Proszę zapytać kolegę / koleżankę: Czy lubisz...? Proszę wpisać odpowiedzi:

Czy lubisz...?	On / ona lubi...	On / ona nie lubi...
Przykład: kawa	—	*kawy*
herbata		
sok		
chleb		
masło		
szynka		
mięso		
ser żółty		
makaron		

Przykład:
– Czy lubisz kawę?
– Tak, lubię kawę.
Lub:
– Nie, nie lubię kawy.

Proszę na forum grupy przedstawić uzyskane informacje.

lekcja 8

71

Wymowa

8a Co Monika i Robert robią w wolnym czasie? Proszę przeczytać dialog, a następnie odegrać go z kolegą / koleżanką.

> Co robisz w wolnym czasie?
> Nic specjalnego.
> Oglądasz telewizję?
> Nie lubię telewizji.
> Chodzisz na spacery z psem?
> Nie mam psa.
> Czytasz książki?
> Nie lubię czytać.
> To co robisz?
> Jem, śpię, gram w gry komputerowe.
> Eee, faktycznie, to nic specjalnego.

8b Proszę odpowiedzieć na pytanie: Czego Pan / Pani nie lubi robić?

Nie lubię ....
....

8c Proszę zapytać kolegów z grupy, czego nie lubią robić? Proszę wpisać odpowiedzi do tabeli. Czego nie lubi robić większość grupy?

imię	on / ona nie lubi
......	......
......	......
......	......
......	......

UWAGA! tak + biernik / nie + dopełniacz
Lubię kawę. Nie lubię herbaty.
Ale: Nie interesuję się sportem, interesuję się teatrem. **(narzędnik)**
Nie jestem Polakiem, jestem Francuzem.

Wymowa

8d Proszę w grupie przeczytać dialog na głos:

> Nie lubię cię. Jego i jej też nie. Wszystkich was nie lubię.
> My ciebie też nie lubimy.

Co Państwo myślą o tych osobach?

ZAIMKI OSOBOWE – DOPEŁNIACZ

ja	mnie	my	nas
ty	cię, ciebie	wy	was
on, ono	go, jego, niego	oni	ich, nich
ona	jej, niej	one	ich, nich

lekcja 8

72

9a) Proszę uzupełnić zdania. Proszę na głos przeczytać odpowiedzi.

Przykład: Nie lubię ...*jej*... . (ona)

a) On .... nie lubi. (ono)
b) Dlaczego ty .... nie lubisz? (on)
c) Oni .... nie znają. (one)
d) Nie rozumiem .... (ty)
e) Ona .... nie lubi. (oni)
f) On nie czyta gazet. On nigdy .... nie kupuje.
g) Ja nie lubię tego wina. Nigdy .... nie piję.
h) My .... nie lubimy. (wy)
i) Wy .... nie lubicie. (my)

9b) Proszę uzupełnić dialogi:

Przykład: Czy znasz panią Beatę? Nie, *nie znam jej*.

a) – Czy zna pan Aleksandra Kwaśniewskiego?
– Nie, ... osobiście.
b) – Czy znasz Wisławę Szymborską?
– Nie, ..., ale wiem, że mieszka w Krakowie.
c) – Czy znasz tego poetę?
– .... Jest Polakiem?
– Nie, Czechem.
d) – Czy znasz tego artystę?
– ....
– Jest bardzo utalentowany.
e) – Czy znasz Dorotę Torbicką?
– Myślę, że nie.
– Też studiuje biologię.
– Nie, ...
f) – Czy znacie pana Kowalskiego?
– To ten wysoki i szczupły? Nie, ...
g) – Czy zna pani osobiście dyrektora szkoły?
– ....
h) – Czy lubisz ten film?
– .... Jest bardzo nudny.
i) – Czy znasz tę książkę?
– .... Jest dobra?
– Świetna.
j) – Czy umiesz robić omlet?
– .... Nie jestem dobrym kucharzem.
k) – Czy rozumiesz ten tekst?
– .... Jest za trudny.
l) – Czy idziesz dzisiaj do państwa Nowaków?
– .... Nie mam dzisiaj czasu.
m) – Czy wracasz od babci?
– .... Wracam od koleżanki.

PODRÓŻ ADAMA — Słownictwo

Ortografia

10a) Adam pisze e-mail do Kasi. Proszę wpisać polskie litery w tym e-mailu:

Czesc, Kasiu. Planuje przyjechac do Krakowa w piatek. Czy masz czas po poludniu? Moze pojdziemy do kawiarni albo na koncert? Pa! Adam

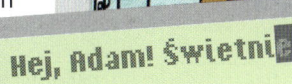

Hej, Adam! Świetni

Kasia odpowiada SMS-em (= krótko). Proszę napisać ten SMS (z polskimi znakami).

10b) Adam chce jechać do Krakowa. Dzwoni do informacji PKP. Proszę wysłuchać nagrania, a następnie zapisać, o której godzinie są pociągi do Krakowa.

– Dzień dobry. O której są pociągi do Krakowa?
– Pospieszne, ekspresowe czy InterCity?
– Pospieszne.
– Rano o ...., potem o .... po południu i jeden o .... wieczorem.
– A ekspresowe?
– Są tylko dwa – o .... i o ....
– A ile kosztuje bilet?
– O to proszę zapytać w kasie.
– Dziękuję.

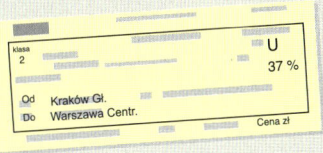

bilet ulgowy

przedział dla (nie)palących

pociąg osobowy — pociąg pospieszny

pociąg ekspresowy — InterCity

10c) Proszę z kolegą / koleżanką przygotować podobny dialog *W punkcie informacji PKP* (ćwiczenie 10b), a następnie zaprezentować go na forum grupy.

lekcja 8

73

10d Adam kupuje bilet na pociąg do Krakowa. Proszę z kolegą / koleżanką ułożyć ten dialog, używając słów:

*pociąg ekspresowy,
bilet ulgowy,
dla niepalących,
druga klasa, proszę,
ile kosztuje?*

....
....
....
....
....
....

Proszę odegrać ten dialog na forum grupy.

10e Proszę posłuchać trzech dialogów i odpowiedzieć na pytania:

a) **Adam zamawia budzenie przez telefon.**

O której godzinie planuje wstać?
....

b) **Adam telefonuje po taksówkę, ale ma zły numer telefonu.**

To pomyłka. Jaki jest dobry numer?
0-12 411-29-...............

c) **Adam zamawia taksówkę.**

Jaki jest adres? ....
Za ile minut będzie auto? ....
Jaka jest marka samochodu? ....

11 Proszę przeczytać internetowy rozkład jazdy pociągów PKP, a następnie odpowiedzieć na pytania:

1. O której godzinie jest pierwszy pociąg bez przesiadki do Warszawy? ....
2. Mieszka Pan / Pani w Krakowie i ma konferencję w Warszawie o 13:00. O której godzinie ma Pan / Pani ostatni pociąg do Warszawy? ....
3. Mieszka Pan / Pani w Warszawie, ale dziś spędza jeden dzień w Krakowie. O której ma Pan / Pani ostatni pociąg do domu? ....
4. Mieszka Pan / Pani w Krakowie i ma samolot z Warszawy do Frankfurtu o 9:00. O której musi Pan / Pani pojechać do Warszawy? ....
5. Pana / Pani kolega organizuje przyjęcie w Warszawie. Przyjęcie zaczyna się o 21:00. O której godzinie musi Pan / Pani pojechać do Warszawy? ....
6. Jedzie Pan / Pani pociągiem z Krakowa do Warszawy o 1:14. Ile godzin spędzi Pan / Pani w pociągu? ....
7. Jedzie Pan / Pani pociągiem z Krakowa o 11:00. O której jest Pan / Pani w Warszawie – czy ma Pan / Pani przesiadkę? ....
8. Jest Pan / Pani w Warszawie o godzinie 15:35. O której był pociąg z Krakowa? ....

Ze stacji	Do stacji	Przesiadki	Odjazd	Przyjazd	Czas podróży
Kraków Główny	Warszawa Centralna	0	0:44	5:45	5:01
Kraków Główny	Warszawa Centralna	0	1:14	6:15	5:01
Kraków Główny	Warszawa Centralna	1	2:13	7:00	4:47
Kraków Główny	Warszawa Centralna	1	4:15	8:35	4:20
Kraków Główny	Warszawa Centralna	0	6:00	8:40	2:40
Kraków Główny	Warszawa Centralna	0	7:00	9:41	2:41
Kraków Główny	Warszawa Centralna	0	8:00	10:41	2:41
Kraków Główny	Warszawa Centralna	0	9:00	11:40	2:40
Kraków Główny	Warszawa Centralna	1	9:01	13:35	4:34
Kraków Główny	Warszawa Centralna	0	11:00	13:40	2:40
Kraków Główny	Warszawa Centralna	1	11:44	15:35	3:51
Kraków Główny	Warszawa Centralna	0	13:00	15:40	2:40
Kraków Główny	Warszawa Centralna	0	14:00	16:40	2:40
Kraków Główny	Warszawa Centralna	0	15:00	17:40	2:40
Kraków Główny	Warszawa Centralna	0	16:00	18:40	2:40
Kraków Główny	Warszawa Centralna	0	18:00	20:40	2:40
Kraków Główny	Warszawa Centralna	0	19:00	21:40	2:40
Kraków Główny	Warszawa Centralna	0	20:00	22:40	2:40
Kraków Główny	Warszawa Centralna	0	20:38	1:47	5:09
Kraków Główny	Warszawa Centralna	0	21:10	2:12	5:02
Kraków Główny	Warszawa Centralna	0	0:44	5:45	5:01

Na podstawie: www.pkp.pl

12 Proszę obejrzeć bilet i odpowiedzieć, czy to jest prawda (P) czy nieprawda (N):

```
PKP                Dane szczególne              Kasa wydania
                                                BOCHO-TRAVEL
                                                Kraków
                                                860379001
                                                14.10.2004  12:46

Klasa              4-Przewoźnik "PKP IC"        Liczba osób - Taryfa
 2      PRZEJAZD TAM
        POC E                                    1  N  XX  U
          Na przejazd tam   Na przejazd z powrotem
Wyjazd w dniu        ważny do
15.10.2004  16.10.2004   --------    --------

Od      Kraków Gł.            przez    Idzikowice

Do      Warszawa Centr.

Seria E   Nr  403658931       km           PTU 7%      Cena zł
     40365893-13              292   XX    ****4,15    ****63,50
```

Przykład: To jest bilet na pociąg.   (P)/ N
– To jest bilet do Warszawy.   P / N
– To jest bilet ulgowy.   P / N
– To jest bilet drugiej klasy.   P / N
– To jest bilet na pociąg ekspresowy.   P / N
– Z Warszawy do Krakowa jest dwieście dziewięćdziesiąt kilometrów.   P / N

I   Proszę przeczytać dialog, a następnie odpowiedzieć na pytania:

a) Kto telefonuje do kogo?
b) Kto nie może być na spotkaniu we wtorek?
c) Dlaczego pan Styczeń nie może mieć spotkania w środę?
d) Kiedy oni się spotkają?
e) O której się spotkają?

II   Proszę przekształcić dialog z ćwiczenia I na dialog nieoficjalny.

III   Proszę na głos przeczytać zdania, ze zwróceniem uwagi na wymowę *r* i *l*.

- Kaszel przy kolacji jest niekulturalny.
- Koleżanka, która jest trenerką jogi, robi figurę „Kwiat lotosu".
- Krokodyle w Nilu są bardzo agresywne.
- W Tatrach łatwo o lawiny.
- Czerwone korale są typowym elementem ludowego folkloru.
- Spiker radiowy podaje w reklamie numer telefonu.
- Barbara nie lubi, kiedy jej córka maluje kolorowe obrazy.
- Robert lubi pomarańcze, ogórki i lody czekoladowe.

– Dzień dobry. Mówi Anna Kwiatkowska.
– Dzień dobry pani. Roman Styczeń przy telefonie.
– Dzwonię w sprawie spotkania we wtorek. Niestety, nie mogę być na tym spotkaniu.
– O, szkoda. Może w innym terminie ma pani czas?
– Tak, proponuję środę.
– Niestety, w środę cały dzień jestem bardzo zajęty.
– Więc może czwartek?
– Tak, w czwartek mam czas. O jedenastej?
– Doskonale. Dziękuję i jeszcze raz przepraszam.
– Nic nie szkodzi. Do widzenia pani.
– Do widzenia.

lekcja 8

Czy już to umiesz?

75

lekcja 9

Sytuacje komunikacyjne zakupy w sklepie spożywczym i odzieżowym, komplementowanie
Słownictwo nazwy sklepów, moda (nazwy kolorów i części garderoby, idiomy)
Gramatyka i składnia dopełniacz liczby mnogiej w wyrażaniu negacji i określaniu ilości, struktury: *mam na sobie*, *noszę*, *podoba mi się*
Materiały autentyczne metki odzieżowe, artykuł na temat mody

Robimy zakupy.

Słownictwo

Centrum Handlowe **MAMONA**

komputery — KSIĘGARNIA — elektronika
OPTYK — Odzież — obuwie
APTEKA — sklep spożywczy — KWIACIARNIA

Ortografia

1a Co kupujemy w tych sklepach? Proszę dopasować nazwy produktów do nazw sklepów:

Przykład: W sklepie odzieżowym: ...*ubrania*...

a) W sklepie spożywczym: ....
b) W księgarni: ....
c) W sklepie obuwniczym: ....
d) W kwiaciarni: ....
e) W sklepie z elektroniką: ....
f) W sklepie komputerowym: ....
g) W aptece: ....
h) W salonie optycznym: ....

✓ ubrania komputery owoce
telewizory książki chleb
płyty CD okulary radia
atlasy i mapy bukiety
dyskietki buty termometr
róże i tulipany

Co jeszcze można kupić w centrum handlowym?

1b Proszę posłuchać nagrania, a następnie dopasować dialogi do ilustracji:

Dialog nr ☐   Dialog nr ☐   Dialog nr ☐

SKLEP SPOŻYWCZY

Ortografia

2a Proszę podpisać rysunki:

*kilogram   butelka   kawałek   paczka
pudełko   puszka   pół*

a) 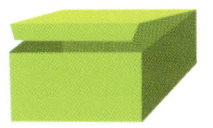 ....   b) 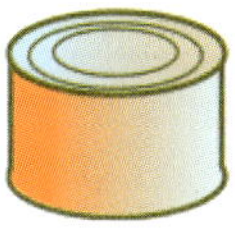 ....   c) ....

d)  ....   e)  ....   f)  ....   g) ....

SKLEP BANKRUT

2c Proszę posłuchać dialogu:

Klientka: Proszę wodę mineralną i kawę Jacobs.
Sprzedawca: Butelkę wody mineralnej i paczkę kawy Jacobs?
– Tak, oczywiście.
– Nie ma wody mineralnej ani kawy.
– Proszę banany i ziemniaki.
– Ile?
– Pół kilo bananów i 2 kilo ziemniaków.
– Nie ma bananów. Ziemniaków też nie ma.
– A czy jest włoskie wino?
– Nie ma włoskiego wina. Francuskiego też nie ma.
– A co jest?
– Nic nie ma. Sklep jest zamknięty.
– Więc co pan tu robi?!
– Mieszkam.

Ortografia

2b Proszę uzupełnić listę zakupów. Proszę porównać swoje odpowiedzi z odpowiedziami kolegi / koleżanki. Proszę z kolegą / koleżanką dodać inne produkty do listy.

a) kilo (kilogram) – pół kilo (pół kilograma) – 25 deka *ziemniaków*..................
b) butelka – litr – pół litra ....
c) kawałek ....
d) paczka ....
e) pudełko ....
f) puszka ....
g) pół ....

*pepsi   pizzy   ✓ziemniaków   kurczaka   wody
sardynek   ciastek   kawy   soku   piwa   jabłek
herbaty   pomidorów   chleba*

Wymowa

2d Proszę z kolegą / koleżanką przeczytać na głos ten dialog.

2e Proszę uzupełnić listę produktów z dialogu w sklepie BANKRUT.

Kupić:
butelkę wody mineralnej,
....
....
....
....

lekcja 9

77

Gramatyka

3a Co można kupić w sklepie spożywczym? Proszę dodać kilka produktów do listy.

ILE?
kilogram, litr, butelka... + dopełniacz

liczba pojedyncza

pół litra soku ♂

kawałek pizzy ♀

puszkę piwa ⊙

liczba mnoga

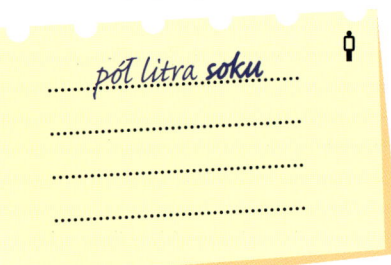

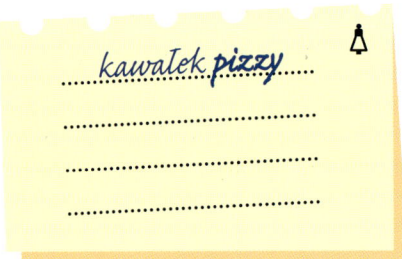

Proszę uporządkować produkty z listy:

✓kilo ziemniaków   kilo pomidorów   puszkę sardynek   kilo jabłek   pudełko ciastek
kilo cytryn   pół kilo bananów   dwa kilo ogórków   kilo ryb   opakowanie jajek

kilo ziemniaków ♂

♀

⊙

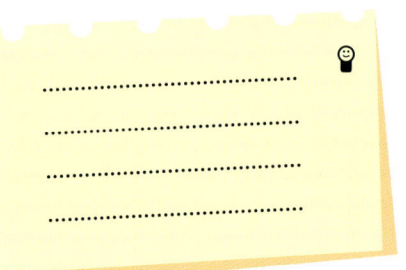

3b Czy wie Pan / Pani, jaka jest reguła dopełniacza liczby mnogiej? Proszę porozmawiać z kolegami. Proszę sprawdzić regułę w tabeli.

ILE? kilo, pół, litr, butelka, paczka...

Dopełniacz liczby mnogiej przymiotników i rzeczowników
liczba mnoga: *kilo młodych ziemniaków, hiszpańskich cytryn, polskich jabłek*
– przymiotnik: **-ych** / (-k, -g) **-ich**
– rzeczownik:
-ów (mianownik liczba pojedyncza spółgłoska – ziemniak, pomidor, banan) *kilo ziemniaków, pomidorów, bananów*
-ø (mianownik liczba pojedyncza -a, -i, -e, -o – cytryna, jabłko, jajko) *kilo cytryn, jabłek, jajek*

To sympatyczny Polak.
On jest sympatycznym Polakiem.
On ma sympatyczną rodzinę:
ojca, matkę, żonę, dziecko i psa.
Lubi chodzić do restauracji,
ale nie lubi pić kawy.
Zwykle kupuje dużo warzyw, owoców i soków.

Pan Kowalski

UWAGA!

2 spółgłoski, np.:
jabłko – jabłek;
jajko – jajek
ø : e

4a Proszę uzupełnić zdania (biernik i dopełniacz):

Przykład: Codziennie kupuję butelkę ...*wody*..., kilo ...*jabłek*..., 20 deka ...*sera*... .

a) To jest słoń. Codziennie je ...., a potem pije ....
b) Organizuje Pan / Pani oficjalne przyjęcie. Co trzeba kupić? Proszę zrobić listę zakupów.
   Kupuję: ....
c) Dla dobrych znajomych organizuje Pan / Pani grill w ogródku. Ile osób Pan / Pani zaprasza? Co Pan / Pani kupuje?
   Zapraszam ...., kupuję ....
d) Jakie proste danie umie Pan / Pani zrobić? Jakie składniki są potrzebne?
   Przykład: *omlet – jajko*. ....
   Potrzebne są: ....

4b Jakie jest typowe danie narodowe w Pana / Pani kraju?

Składniki: ....

Wymowa

5a Proszę przeczytać na głos dialog:

– To skandal! W tym sklepie **nie ma tanich pomidorów, hiszpańskich bananów, dobrych jabłek i włoskich cytryn**. Nie ma też **świeżych jajek.**
– Ja nie lubię owoców i warzyw. Ryb i jajek też nie jem. I nie lubię robić z tobą zakupów. Zawsze narzekasz.

jest / są + mianownik
nie ma + dopełniacz

5b Proszę napisać zdania według wzoru:

	Klient	**Sprzedawca**
	Przykład: pomidory – *Czy są pomidory?*	– *Nie, nie ma pomidorów.*
	mleko – *Czy jest mleko?*	– *Nie, nie ma mleka.*
banany		
jabłka		
cytryny		
jajka		
ser		
kawa		

6 Pan Kowalski robi zakupy. Proszę posłuchać dialogu w sklepie, a następnie odpowiedzieć, który rachunek należy do pana Kowalskiego.

```
puszka sardynek      3.00 zł
20 deka sera Gouda   2.70 zł
1 chleb              1.70 zł
pół kilo pomidorów   5.00 zł

RAZEM               12.40 zł
```
1

```
puszka Coca-Coli     2.25 zł
20 deka masła        0.73 zł
5 bułek              1.00 zł
kilo ogórków         5.60 zł

RAZEM                9.58 zł
```
2

```
paczka herbaty       4.40 zł
20 deka szynki       3.46 zł
pół kilo papryki     7.30 zł

RAZEM               15.16 zł
```
3

lekcja **9**

● **Słownictwo**   **UBRANIE, SKLEP ODZIEŻOWY I KOMPLEMENTY**

lekcja 9

7a Proszę przeczytać ofertę sklepu internetowego, a następnie powiedzieć, co Pan chciałby / Pani chciałaby zamówić z tej oferty.

http://www.ubranie.pl

PROMOCJA
marynarka 230 zł
+ spodnie 110 zł =
garnitur 340 zł

krawat 50 zł

żakiet 89 zł

kurtka 312 zł

podkoszulek 15 zł

sweter 89,90 zł

buty 128 zł

kostium damski 214 zł

koszula 77 zł

spódnica 37 zł

sukienka 333 zł

spodnie dżinsowe 220 zł

bluzka 55 zł

Wszystkie ubrania – duże i małe, szerokie i wąskie, krótkie i długie, tanie i drogie, modne, a nawet niemodne – kupisz tylko u nas! Mamy to, co Ci się podoba.

Dostępne kolory bluzek i podkoszulków:
biały   czarny   czerwony   zielony   niebieski   brązowy   żółty   pomarańczowy

Wymowa

7b Proszę przeczytać na głos nazwy ubrań z oferty sklepu. Te, które są dla Pana / Pani fonetycznie trudne, proszę powtórzyć na głos 3 – 4 razy, najpierw bardzo powoli, potem bardzo szybko.

dzisiaj / teraz
mam na sobie
on / ona / ono   **+ biernik**
ma na sobie

7c Proszę zapytać kolegę / koleżankę, czy jego / jej zdaniem ubrania w sklepie www.ubranie.pl są ładne? Czy są tanie? Ile w jego / jej kraju mogą kosztować podobne ubrania?

Dzisiaj mam na sobie białą bluzkę, kolorową spódnicę i niebieskie buty.

8a Proszę opisać osobę z jednej fotografii. Kolega / koleżanka musi odgadnąć, o której fotografii Pan / Pani mówi.

8b Proszę wybrać jedną osobę z grupy i ją opisać. Grupa musi odgadnąć, o kim Pan / Pani mówi.

8c Proszę napisać, a następnie odczytać na forum grupy, co Pan / Pani ma na sobie (dzisiaj, teraz).

Ortografia

8d Proszę podpisać rysunki:

krótkie szerokie spodnie

9 Proszę porozmawiać z kolegą / koleżanką:

– Jakie kolory lubicie?
– Jakie kolory Waszym zdaniem są optymistyczne, jakie energetyzujące, jakie relaksujące, a jakie pesymistyczne?
– Jakie ubranie Waszym zdaniem jest już niemodne?
– Jakie ubranie jest hitem tego sezonu?

Proszę porównać swoje odpowiedzi z odpowiedziami reszty grupy.

Często noszę dżinsy, sweter, ciepłe buty i kurtkę.

zawsze
zwykle   noszę + biernik
często

Zwykle noszę krótkie spodnie, zielony podkoszulek, okulary i sandały.

KONIUGACJA CZASOWNIKA *nosić*   **Gramatyka**

Ortografia

10a Proszę uzupełnić formy koniugacji:

nosić

ja	noszę	my	no ..... my
ty	nosisz	wy	no ..... cie
on / ona / ono	no i	oni	no ..... ą

10b Proszę zapytać kolegę / koleżankę:

a) Jakie ubranie nosi na oficjalne spotkanie?
b) Jakie jest jego / jej ulubione domowe ubranie?
c) Jakie ubranie nosi w pracy lub w szkole?
d) Co zwykle nosi na wakacjach?
e) Jakie jest jego / jej zdaniem odpowiednie ubranie na pierwszą randkę – dla kobiety i dla mężczyzny?
f) Czego nie lubi nosić?

10c Proszę zrelacjonować odpowiedzi kolegi / koleżanki na forum grupy.

lekcja
9

KOMPLEMENTY

11a Proszę posłuchać dialogów, a następnie określić, kto rozmawia (osoby młode, starsze) i w jakiej sytuacji (w kontakcie formalnym / nieformalnym).

a)
– Podoba mi się twój krawat.
– Dziękuję.

b)
– Masz ładną sukienkę.
– Naprawdę? Nie jest nowa.

c)
– Masz świetne dżinsy!
– Mówisz serio? Dziękuję!

d)
– Ładnie panu w tym garniturze.
– Dziękuję pani. Jest pani bardzo miła.

e)
– Świetnie wyglądasz!
– Dziękuję, miło mi to słyszeć!

podobać się + mianownik

Podoba	mi	nam	się	**twoja koszula** (l. poj.)
	ci	wam		
Podobają	mu / jej	im		**twoje okulary** (l. mn.)

11b Proszę powiedzieć komplement koledze / koleżance, który / która siedzi obok. On / ona mówi komplement następnej osobie, następna osoba kolejnej.

SKLEP ODZIEŻOWY „U KRAWCA"

Czy mogę zobaczyć ten zielony sweter?

PRZYMIERZALNIA

Czy mogę przymierzyć?

12 Proszę posłuchać sześciu krótkich dialogów, a następnie odpowiedzieć, czy to prawda (P) czy nieprawda (N):

Przykład: Biała spódnica kosztuje 119 zł.   P / (N)
a) Klient chce kupić zielony podkoszulek.   P / N
b) Buty są czarne.   P / N
c) Dziewczyna kupuje szeroką dżinsową spódnicę.   P / N
d) Ubranie jest tanie, bo jest w promocji.   P / N
e) Klient nie kupuje tego garnituru.   P / N

13a Proszę przeczytać dialog, a następnie odpowiedzieć na pytania:

a) Jakiego koloru sweter chciałby kupić klient?
b) Który sweter on przymierza – rozmiar 38 czy 36?
c) Czy sweter jest tani?
d) Czy on kupuje ten sweter?

Klient: Czy mogę zobaczyć ten zielony sweter?
Ekspedient: Jaki **rozmiar**?
Klient: 38.
Ekspedient: Proszę bardzo.
Klient: Czy mogę **przymierzyć**?
Ekspedient: Tak, oczywiście. Tam jest **przymierzalnia**.
(Po chwili)
Klient: Niestety, jest za duży. Czy jest **mniejszy**, może 36?
Ekspedient: Tak, proszę.
(Po chwili)
Klient: Dziękuję. Ten jest dobry. Ile kosztuje?
Ekspedient: 225 złotych.
Klient: O, jest za drogi. Czy są **tańsze** swetry?
Ekspedient: Nie ma.

duży, -a, -e	mały, -a, -e	drogi, -a, -e	tani, -a, -e
większy, -a, -e	mniejszy, -a, -e	droższy, -a, -e	tańszy, -a, -e
największy, -a, -e	najmniejszy, -a, -e	najdroższy, -a, -e	najtańszy, -a, -e

lekcja 9

13b Proszę z kolegą / koleżanką ułożyć podobny dialog jak w ćwiczeniu 13a. Następnie proszę zaprezentować ten dialog grupie.

Słownictwo

14a Proszę dopasować informacje do symboli:

rozmiar   prać w temperaturze 40°C   nie chlorować   prać ręcznie   prać chemicznie

XL ....   O ....

.... (ręcznie)   .... (40°)

14b Proszę odpowiedzieć na pytanie, jak należy prać:

– delikatne bluzki? ....
– dżinsy? ....
– ubrania dla dzieci? ....
– garnitury? ....

15a Proszę ułożyć wyrażenia:

czerwony jak — słońce
jasne jak — burak
czarna — owca
jestem — zielony z gramatyki

15b Proszę uzupełnić zdania odpowiednimi frazami z ćwiczenia 15a.

a) Wszyscy moi kuzyni i kuzynki studiują lub pracują. Mają domy, samochody, żony, mężów. Tylko Robert nie ma studiów ani nie pracuje. Ma 45 lat i mieszka z rodzicami – to .... w mojej rodzinie.

b) Język polski jest bardzo łatwy, wszystko jest ....

c) Bardzo nie lubię oficjalnych konferencji. Jako dyrektor generalny zawsze muszę przemawiać publicznie i wtedy jestem ....

d) Jutro mam egzamin z matematyki, a jeszcze nic nie umiem – jestem kompletnie ....

Proszę przeczytać tekst, a następnie określić, o jakiej części garderoby jest mowa – spodniach, podkoszulku, krawacie czy butach?

Nosi się do pracy, na wycieczkę, dyskotekę i biznesowe spotkanie. Skąd ta moda i fascynacja? – To ubranie uniwersalne, które jest tak samo dobre do marynarki, jak i do dżinsów. Zwykle nosimy białe, ale mogą też być bardziej ekstrawaganckie na wieczorny spacer lub na randkę. Można też nosić dwa, na przykład w kontrastowych kolorach.

W tym sezonie Kenzo proponuje je w kolorze zielonym, razem z szerokimi, kolorowymi spodniami. Yves Saint Laurent zaproponował nową wersję tego ubrania jako seksowną czarną sukienkę mini. Calvin Klein proponuje biały kolor, ale także bardzo seksowną wersję. Jil Sander proponuje czerwień, a Matthew Williamson złoto.

To ubranie to też deklaracja – można nosić na nim zdjęcie idola albo tekst politycznej manifestacji. Pewien Belg ma kolekcję 28 sztuk tego ubrania z różnych krajów z jednym tylko motywem – W.I. Leninem.

Na podstawie: T-Styl, Edipresse (NS), za: http://polki.wp.pl/moda.html, 07-2003

Czy już to umiesz?

83

lekcja 10

Sytuacje komunikacyjne opisywanie przeszłości, relacjonowanie
Słownictwo nazwy miesięcy w miejscowniku, okoliczniki czasu
Gramatyka i składnia czas przeszły (aspekt niedokonany)
Materiały autentyczne e-mail po polsku, notatki w kalendarzu

To już było!

Gramatyka

GRAMATYKA PO POLSKU

Proszę wpisać zaimki w mianowniku.

liczba pojedyncza:
rodzaj męski: ......*on*......
rodzaj żeński: ....
rodzaj nijaki: ....

liczba mnoga:
rodzaj męskoosobowy: ....
rodzaj niemęskoosobowy: ....

1a Proszę przeczytać e-mail i podkreślić nowe słowa.

Od: Marta Rudecka
Do: Jacek Kowalski
Data: 12 lipca 2006 10:45
Temat: Co u Ciebie słychać?

Cześć Jacek,

przepraszam, że tak długo nie pisałam, ale byłam bardzo zajęta. W lutym po naszym spotkaniu w Krakowie miałam dużo pracy – musiałam napisać raport roczny. W marcu mój tata był bardzo poważnie chory – leżał w szpitalu prawie dwa miesiące – do maja. Codziennie tam chodziłam. Teraz na szczęście już czuje się dobrze. W kwietniu uczyłam się do egzaminu z angielskiego – pamiętasz, chodziłam na kurs językowy. Egzamin był w czerwcu – dwa tygodnie temu. Poza tym u mnie wszystko w porządku. W zeszłym tygodniu byłam ze znajomymi w Zakopanem. Było fantastycznie. Pogoda była rewelacyjna. Codziennie chodziliśmy po górach, dużo rozmawialiśmy, a wieczorem relaksowaliśmy się i na przykład graliśmy w karty.

A co u Ciebie? Co teraz robisz? Kiedy się ostatnio widzieliśmy, uczyłeś się do egzaminu z ekonomii. Ale nie wiem, kiedy miałeś egzamin. A jak się ma Ania? Jej też dawno nie widziałam – ostatni raz może w listopadzie albo w grudniu. A ty? Widziałeś się z nią ostatnio? Pracuje dalej tam, gdzie pracowała? Pamiętam, że szukała nowej pracy.

Pozdrawiam serdecznie

Marta

KIEDY?

1. w styczniu
2. w lut**ym**
3. w marcu
4. w kwietniu
5. w maju
6. w czerwcu
7. w lipcu
8. w sierpniu
9. **we** wrześniu
10. w październiku
11. w listopadz**ie**
12. w grudniu

1b Proszę przeczytać jeszcze raz e-mail Marty i zdecydować, czy to prawda (P) czy nie (N). Dlaczego?

Przykład: Marta i Jacek spotkali się ostatni raz w Krakowie.
To prawda, bo ona pisze: „po naszym spotkaniu w Krakowie".

1. Marta pisała raport roczny w styczniu.   P / N
2. Ojciec Marty był chory w lutym.   P / N
3. Ojciec Marty leżał w szpitalu w kwietniu.   P / N
4. Marta uczyła się do egzaminu z angielskiego w maju.   P / N
5. Egzamin z angielskiego był dwa miesiące temu.   P / N
6. Marta była w czerwcu w górach.   P / N
7. W Zakopanem Marta i jej znajomi dużo rozmawiali i relaksowali się. P / N
8. Jacek uczył się do egzaminu z ekonomii.   P / N
9. Marta i Ania widziały się ostatnio we wrześniu.   P / N
10. Ania szukała nowej pracy.   P / N

1c Proszę poszukać form czasu przeszłego w mailu i napisać je według wzoru:

bezokolicznik	forma czasu przeszłego	rodzaj	liczba	osoba
pisać	*pisałam*	*żeński*	*pojedyncza*	*pierwsza (ja)*

1d Proszę pracować w grupie. Jak Państwo myślą, jakie są reguły tworzenia czasu przeszłego? Jakie są typy odmiany?

UWAGA Ważny tu jest temat bezokolicznika!

lekcja 10

85

CZAS PRZESZŁY (ASPEKT NIEDOKONANY)

Odmiana regularna

robi-ć

rodzaj męski	rodzaj żeński	rodzaj nijaki
robi-**łem**	robi-**łam**	—
robi-**łeś**	robi-**łaś**	—
robi-**ł**	robi-**ła**	robi-**ło**

rodzaj męskoosobowy	rodzaj niemęskoosobowy
robi-**liśmy**	robi-**łyśmy**
robi-**liście**	robi-**łyście**
robi-**li**	robi-**ły**

UWAGA na niektóre czasowniki!

jeść

jadłem	jadłam	—
jadłeś	jadłaś	—
jadł	jadła	jadło
jedliśmy	jadłyśmy	
jedliście	jadłyście	
jedli	jadły	

móc

mogłem	mogłam	—
mogłeś	mogłaś	—
mógł	mogła	mogło
mogliśmy	mogłyśmy	
mogliście	mogłyście	
mogli	mogły	

iść

szedłem	szłam	—
szedłeś	szłaś	—
szedł	szła	szło
szliśmy	szłyśmy	
szliście	szłyście	
szli	szły	

Odmiana czasowników zakończonych na -eć

chci**eć**, leż**eć**, mi**eć**, musi**eć**, rozumi**eć**, umi**eć**, widzi**eć**, wiedzi**eć**,

mieć

mia**łem**	mia**łam**	—
mia**łeś**	mia**łaś**	—
mia**ł**	mia**ła**	mia**ło**
mie**liśmy**	mia**łyśmy**	
mie**liście**	mia**łyście**	
mie**li**	mia**ły**	

2 Proszę odpowiedzieć na pytania.

Co robił Pan / robiła Pani:

1. wczoraj wieczorem? Wczoraj wieczorem ....
2. dziś rano? ....
3. w poniedziałek wieczorem? ....
4. wczoraj po południu? ....
5. w weekend? ....

3a Proszę napisać przynajmniej 7 zdań o tym, co robili w zeszłym tygodniu Katarzyna i Robert.

Katarzyna

poniedziałek	wtorek	środa	czwartek	piątek	sobota	niedziela
Warszawa – spotkanie	kolacja u Tadeusza	Ważne!! rano – pies pani Krysi	raport roczny ksero	Robert 18.00 koncert	wieczorem kino Magda	rodzice – obiad 14.00

Robert

poniedziałek	wtorek	środa	czwartek	piątek	sobota	niedziela
test – wtorek – powtórzyć	!!! test z francuskiego	!e-mail do Marka	bilety na koncert	Kasia 18.00 Jazz club	basen 21.00	urodziny babci

Przykład: W poniedziałek Katarzyna miała ważne spotkanie w Warszawie.

3b A Pan / Pani? Co robił Pan / robiła Pani w zeszłym tygodniu? Proszę napisać w zeszycie.

4a Proszę posłuchać nauczyciela i zaznaczyć, gdzie jest akcent.

UWAGA na AKCENT! – czas przeszły (aspekt niedokonany) liczba mnoga

mog-liś-my – ro-bi-liś-my – pi-sa-liś-my – mó-wi-liś-my – roz-ma-wia-liś-my

mog-łyś-my – ro-bi-łyś-my – pi-sa-łyś-my – mó-wi-łyś-my – roz-ma-wia-łyś-my

mog-liś-cie – ro-bi-liś-cie – pi-sa-liś-cie – mó-wi-liś-cie – roz-ma-wia-liś-cie

mog-łyś-cie – ro-bi-łyś-cie – pi-sa-łyś-cie – mó-wi-łyś-cie – roz-ma-wia-łyś-cie

Wymowa

4b Proszę powtórzyć za nauczycielem.

Słownictwo

5a Proszę uzupełnić zdania nazwą odpowiedniego miesiąca.

1. W .... Marek obchodził Nowy Rok.
2. W .... Andrzej i Bogdan jeździli na nartach.
3. W .... były Święta Wielkanocne.
4. W .... był Prima Aprilis.
5. W .... obchodzimy w Polsce Święto Konstytucji 3 Maja.
6. W .... jest najdłuższy dzień w roku.
7. W i
8. w .... dzieci w Polsce mają wakacje.
9. We .... Krzysztof uczył się do egzaminu.
10. W .... zaczyna się rok akademicki.
11. W .... obchodzimy Narodowe Święto Niepodległości.
12. W .... obchodzimy Boże Narodzenie.

5b Proszę porozmawiać z kolegą / koleżanką o tym, co robił / robiła w zeszłym roku i napisać na ten temat przynajmniej 7 zdań.

Co robiłeś w styczniu? W styczniu uczyłem się do egzaminu z polskiego.
Co robiłaś w maju? W maju chodziłam na kurs włoskiego.

6a Proszę posłuchać rozmowy telefonicznej i napisać, czy to prawda (P) czy nieprawda (N).

Przykład: Magda jest teraz zajęta.	P /(N)
1. Tomek miał urlop w kwietniu.	P / N
2. 8 osób było w Hiszpanii.	P / N
3. W Hiszpanii chodzili pieszo.	P / N
4. Śniadania jedli w restauracji.	P / N
5. Magda była na kursie niemieckiego w Berlinie.	P / N
6. Magda musiała się dużo uczyć.	P / N
7. Magda mieszkała w hotelu.	P / N

lekcja 10

88

6b Proszę posłuchać jeszcze raz i odpowiedzieć na pytania.

Przykład: Kiedy Magda i Tomek ostatnio rozmawiali? .... *W marcu albo w kwietniu.* ....
1. Kto był w Hiszpanii? .... z dziewczyną, ... ze studiów i ....
2. Jak długo Tomek był w Hiszpanii? Prawie ....
3. Gdzie Tomek był w czerwcu? ....
4. Co Tomek robił w Hiszpanii? Zwiedzał .... , codziennie ....
....
5. Kiedy Magda miała urlop? ....
6. Gdzie były lekcje niemieckiego? ....
7. Ile było osób w grupie? ....
8. Od której do której godziny były lekcje? ....
9. Co Magda robiła z kolegami z kursu po południu i wieczorem? .... prywatnie, chodzili do .... , ... w kawiarni.

Gramatyka

7a Proszę dokończyć zdania w czasie przeszłym (aspekt niedokonany).

MÓJ ZESZŁY ROK

- W zeszłym roku często ....
- W zeszłym roku codziennie ....
- W zeszłym roku rzadko ....
- W zeszłym roku 3 razy w miesiącu ....
- W zeszłym roku 2 razy w tygodniu ....
- W zeszłym roku od czasu do czasu ....
- W zeszłym roku co miesiąc ....
- W zeszłym roku co tydzień ....

JAK CZĘSTO?

codziennie	raz // 2, 3 razy
co tydzień	w tygodniu
co miesiąc	w miesiącu
co rok	w roku

7b Proszę porozmawiać z kolegą i koleżanką na temat tego, co robił / robiła w zeszłym roku. Proszę zadać przynajmniej 7 pytań.

Przykładowe pytania:

Jak często w zeszłym roku chodziłeś do kina?
W zeszłym roku chodziłem do kina co miesiąc.

Jak często w zeszłym roku uczyłaś się polskiego?
W zeszłym roku uczyłam się polskiego codziennie.

8 Proszę odpowiedzieć na pytania w czasie przeszłym (aspekt niedokonany).

Jak długo (ile minut / godzin, od której do której godziny) wczoraj:

- jadł Pan / jadła Pani obiad?
- spał Pan / spała Pani?
- rozmawiał Pan / rozmawiała Pani przez telefon?
- czytał Pan / czytała Pani gazetę?
- jechał Pan / jechała Pani do pracy / na uniwersytet / do szkoły / do centrum?
- szedł Pan / szła Pani z domu na przystanek tramwajowy / autobusowy / do sklepu?
- pisał Pan / pisała Pani zadanie z polskiego?
- robił Pan / robiła Pani zakupy?
- oglądał Pan / oglądała Pani telewizję?
- słuchał Pan / słuchała Pani muzyki / radia?

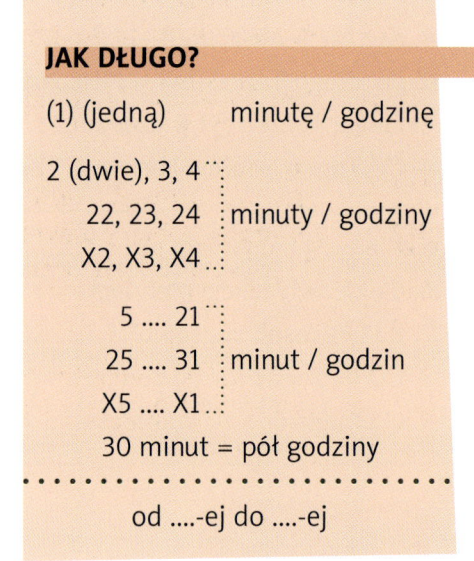

JAK DŁUGO?

(1) (jedną)   minutę / godzinę

2 (dwie), 3, 4
22, 23, 24   minuty / godziny
X2, X3, X4

5 21
25 31   minut / godzin
X5 .... X1

30 minut = pół godziny

od ....-ej do ....-ej

9a Proszę porozmawiać z kolegą / koleżanką o osobach ze zdjęć. Jak Państwo myślą, co robiły te osoby w przeszłości? Jakie miały hobby? Czym się interesowały? Czego nie lubiły robić? Kim chciały być? Co robiły często, a czego nie robiły nigdy? itd. Dlaczego Państwo tak myślą?

Myślę, że kiedy ta kobieta miała 15 lat, często ...., bo ....
Myślę, że kiedy ten mężczyzna był młody, chciał być ...., bo ....

9b A Pan / Pani? Jaki Pan był / Pani była w przeszłości? Co Pan robił / Pani robiła często? O której godzinie Pan wstawał / Pani wstawała? O której mógł Pan / mogła Pani wieczorem wracać do domu, kiedy miał Pan / miała Pani 16 lat? Co mógł Pan / mogła Pani robić, a czego nie? Proszę napisać przynajmniej 6 zdań.

Kiedy miałem / miałam... lat/a, często..., lubiłem / lubiłam..., chciałem / chciałam być..., itd.

10 Proszę pracować w grupie. Proszę odpowiedzieć na pytania (przynajmniej po 4 odpowiedzi).
Co robiły kobiety dawniej, a co robią dzisiaj?
Co robili mężczyźni dawniej, a co robią dzisiaj?

Przykłady:
Dawniej kobiety nie studiowały, a dzisiaj studiują.
Dawniej kobiety nie mogły..., a dzisiaj mogą...
Dawniej mężczyźni...

lekcja 10

Czy już to umiesz?

Co za pech!!

0. Marek zawsze kupuje za duże buty.
1. Codziennie jem niesmaczną zupę.
2. Zawsze spóźniamy się do pracy.
3. Oni rzadko spotykają miłych ludzi.
4. ....
5. ....
6. ....
7. ....
8. One często budzą się za późno.
9. Kelnerka w restauracji jest niemiła.
10. Nie ma ani wody, ani prądu.
11. Pogoda jest piękna, a Wanda jest chora.

Co za szczęście!!

On zawsze kupował dobre buty.
....
....
....
Anna krótko czekała na tramwaj.
Tomek nigdy nie gubił pieniędzy.
Rzadko oglądaliśmy złe filmy.
Miałem / miałam szczęście.
....
....
....
....

lekcja 11

Sytuacje komunikacyjne opisywanie przyszłości, wyrażanie życzenia
Słownictwo okoliczniki czasu cd., telefon komórkowy
Gramatyka i składnia czas przyszły (aspekt niedokonany), powtórzenie czasu teraźniejszego i przeszłego (aspekt niedokonany)
Materiały autentyczne SMS-y po polsku, tabela taryf telefonicznych, horoskop roczny

Jakie masz plany?

Gramatyka

1a Anna napisała postanowienia noworoczne. Proszę ułożyć zdania według wzoru.

W PRZYSZŁYM ROKU:

BĘDĘ:
- będę uprawiać
- będę chodzić regularnie na kontrolę
- będę czytać
- będę interesować się
- będę regularnie uczyć się

NIE BĘDĘ:
- nie będę jeść
- nie będę tak często oglądać
- nie będę kupować
- nie będę palić tak dużo
- nie będę spotykać się

- angielskiego
- biografie znanych artystów
- słodyczy
- sport (przynajmniej 2 razy w tygodniu)
- papierosów
- aktualnościami politycznymi
- do dentysty
- produktów reklamowanych w tv-shop
- z Andrzejem
- telewizji

92

Wymowa

1b Proszę przeczytać na głos poprawne odpowiedzi.

Anna postanowiła, że w przyszłym roku będzie... // nie będzie...

Wymowa

1c Proszę napisać i przeczytać swoje postanowienia noworoczne.

Postanowiłem / postanowiłam, że w przyszłym roku będę... // nie będę...

2 Proszę dopasować pytanie do odpowiedzi.

SMS-y PO POLSKU

O której będziesz w domu? ----------→ O szóstej.

Gdzie jesteście? Kiedy będziecie u mnie?

Będziecie dziś u Ewy?

Przepraszam, ale nie będę dziś na imprezie. :(

Będziemy za pół godziny.

Czekamy.

Szkoda! :(Na pewno będzie dobra zabawa.

Już jedziemy. Będziemy za 5 minut.

Nie. Magda jest chora, a ja mam dużo pracy.

---

3 Na podstawie ćwiczeń 1 i 2 proszę uzupełnić tabelę.

CZAS PRZYSZŁY (ASPEKT NIEDOKONANY)

liczba pojedyncza	ja .... ty .... on / ona / ono pan / pani	+ bezokolicznik	Co **będziesz robić** jutro? Jutro **będę uczyć** się polskiego.
liczba mnoga	my .... wy .... oni / one *będą* państwo		Kiedy **będziecie** w Krakowie? **Będziemy** w Krakowie w przyszłym tygodniu.

lekcja 11

Słownictwo

4 Co będzie Pan / Pani robić, a czego nie będzie Pan / Pani robić jutro?

*pracować   sprzątać   odpoczywać   spać   czytać gazetę   jeść słodycze   tańczyć na imprezie
słuchać muzyki   jechać tramwajem   rozmawiać z kuzynem   uczyć się polskiego   uczyć angielskiego
jeździć na rowerze   pić kawę   jeździć na nartach   palić papierosy   szukać żony   kłócić się z sąsiadem*

Jutro na pewno będę ...., ... i ....
Jutro być może będę ...., ... i ....
Jutro nie będę ani ...., ani ....

5a Proszę uzupełnić zdania. Co oni będą robić?

Przykład: Marysia jest uczennicą. Jutro będzie ....*pisać*.......... test.
1. Pan Kruszkowski jest taksówkarzem. Jutro będzie .... samochodem.
2. Pani Katarzyna jest sekretarką. Jutro będzie .... przez telefon.
3. Jesteśmy nauczycielami. Jutro będziemy .... studentów.
4. Jesteście studentami? Czy będziecie .... jutro do egzaminu?
5. Pan Witkowski jest fotografem. On będzie .... zdjęcia.

Gramatyka

5b Proszę uzupełnić zdania.

Przykład: W sobotę Wojtek .....*będzie*..... spać do południa.
1. Nie mam konkretnych planów na weekend, może .... czytać książkę.
2. Co (ty) .... robić w niedzielę?
3. W czwartek Paweł i Arek .... odpoczywać.
4. W sobotę (my) .... tańczyć na imprezie do rana.
5. (wy) .... oglądać telewizję w niedzielę?

6 Proszę porozmawiać z kolegą / koleżanką o jego / jej planach.

Przykładowe pytania:
*Co będziesz robić w weekend?
Co będziesz robić po kursie polskiego?
Co będziesz robić we wrześniu?
Co będziesz robić w przyszłym roku?
Co będziesz robić za dwa lata?*

lekcja 11

94

7 Proszę porozmawiać w grupie na temat tego, co będą robić te dzieci w przyszłości? Kim będą? Jak będą żyć? Czy będą mieć rodzinę? Dlaczego Państwo tak myślą?

Myślę, że kiedy on będzie dorosły, będzie..., bo...
Myślę, że za 20 lat ona będzie..., bo...
Myślę, że kiedy ona będzie mieć 40 lat, będzie..., bo...

8a Proszę posłuchać nagrania i uzupełnić tekst.

Jest pani młoda i aktywna, dużo pani pracuje. Na pewno *będzie* pani mieć dużo pieniędzy w przyszłości. Co będzie pani robić, kiedy już będzie pani bardzo bogata?

Kiedy będę bardzo bogata, ... mogła robić to, co będę chciała. Będę mogła na przykład .... bardzo drogim i szybkim samochodem i będę mieć .... i elegancki dom. Często będę .... z mężem. Nie będziemy musieli gotować w domu, bo codziennie .... mogli jeść w restauracji. Nie .... musieli pracować. Będziemy mogli robić to, co będziemy chcieli.

Nasze .... będą mogły uczyć się w świetnej szkole, a potem .... studiować na dobrym uniwersytecie. .... będą mieć swoje firmy i będą zarabiać dużo pieniędzy.

8b Proszę poszukać w tekście form od czasowników *chcieć*, *móc* i *musieć*. Jak Pan / Pani myśli, jak tworzymy czas przyszły (aspekt niedokonany) od tych czasowników?

lekcja **11**

Gramatyka

CZAS PRZYSZŁY (ASPEKT NIEDOKONANY) – *móc, chcieć, musieć*

liczba pojedyncza	ja **będę** ty **będziesz** on / ona / ono ⋮ **będzie** pan / pani	+ 3 os. l. poj. czasu przeszłego niedokonanego	**Będę mógł** robić to, co **będę chciał**. **Będę mogła** robić to, co **będę chciała**.
liczba mnoga	my **będziemy** wy **będziecie** oni / one ⋮ **będą** państwo	+ 3 os. l. mn. czasu przeszłego niedokonanego	**Będziemy mogli** robić to, co **będziemy chcieli**. **Będziemy mogły** robić to, co **będziemy chciały**.

8c Proszę uzupełnić zdania.

Przykład: Na urlopie Marek nie będzie ...*musiał*... (musieć) wstawać o szóstej rano.

1. Na urlopie Marek nie będzie musiał wstawać o szóstej rano. Będzie .... (móc) spać tak długo, jak będzie .... (chcieć).

2. W przyszłym miesiącu Anna będzie .... (musieć) dużo się uczyć do egzaminu, nie będzie .... (móc) chodzić do kina tak często, jak będzie .... (chcieć).

3. W przyszłym roku Marek i Anna nie będą .... (musieć) dużo pracować. Będą .... (móc) podróżować, kiedy będą .... (chcieć).

4. Anna i Wanda planują studiować w Anglii za dwa lata. Będą .... (musieć) dużo się uczyć angielskiego i nie będą .... (móc) chodzić tak często na imprezy, jak będą .... (chcieć).

8d Proszę odpowiedzieć na pytania.

Co będzie Pan musiał / Pani musiała często robić w przyszłym roku?

....

Czego nie będzie Pan chciał / Pani chciała robić w przyszłym roku?

....

Co będzie Pan mógł / Pani mogła robić, kiedy będzie Pan / Pani lepiej mówić po polsku?

....

9a Pan Głowacki i pani Maruszewska chcą kupić telefon komórkowy i pytają o informacje. Proszę posłuchać 2 dialogów i uzupełnić tabelę z taryfami.

FAMILIJNA
AKTYWNA

	dla klientów prywatnych		dla firm	
nazwa taryfy	familijna	aktywna	biznesowa	
abonament		**50 PLN**	**90 PLN**	
minuty wliczone w abonament		70	120	
SMS-y wliczone w abonament		30	60	
koszt minuty połączenia		1,45	1,05	
koszt kolejnego SMS-a		0,30	0,30	0,25

Wymowa

9b Proszę porównać swoje odpowiedzi z odpowiedziami kolegi / koleżanki, a następnie przeczytać na głos informacje z tabeli.

Pan Głowacki będzie musiał płacić... za abonament.
Pan Głowacki będzie mógł napisać... SMS-ów za darmo.
Pani Maruszewska będzie...

9c Na podstawie tabeli z taryfami proszę porozmawiać z kolegą / koleżanką. Planuje Pan / Pani kupić komórkę i pyta Pan / Pani o informację.

Przykłady:
Którą taryfę pan / pani mi proponuje?
Ile będę musiał / musiała płacić za abonament?
Ile będę mógł / mogła napisać SMS-ów za darmo?
Ile będę musiał / musiała płacić za minutę połączenia?
Muszę się jeszcze zastanowić...

lekcja 11

Gramatyka

10a Proszę przeczytać horoskop* i poszukać w tekście form czasu przyszłego (aspekt niedokonany).

HOROSKOP ROCZNY – LEW

ZDROWIE

W przyszłym roku nie będziecie mieć problemów ze zdrowiem i kondycją fizyczną. Tylko w marcu i w kwietniu będziecie musieli uważać na grypę i przeziębienia. Lwy, które mają tendencję do alergii, muszą szczególnie uważać w tym roku w kwietniu i w maju. Uwaga! W grudniu będziecie musieli iść do dentysty. W październiku i w listopadzie będziecie mieć dużo stresujących sytuacji i tendencje do depresji i pesymizmu. Możecie wtedy spotkać się i porozmawiać z przyjaciółmi. Oni wam pomogą.

PRACA

To będzie bardzo pracowity rok, ale też rok pełen sukcesów. Będziecie dużo pracować szczególnie w lutym, w marcu i we wrześniu. Nie próbujcie jednak w przyszłym roku zmieniać zawodu czy studiów. To nie będzie dobry czas na nowe projekty. W lipcu i w sierpniu będziecie musieli uważać na sprawy finansowe! Wtedy będzie wam trochę brakować pieniędzy. Ale w październiku wszystko się unormuje.

Szczególnie dobry rok w sferze zawodowej dla artystów i biznesmenów, którzy będą mogli trochę zaryzykować, gwiazdy będą im bowiem szczególnie sprzyjać.

MIŁOŚĆ

W przyszłym roku będziecie rzadko flirtować i romansować. To nie będzie dobry rok dla Lwów. Szczególnie trudny emocjonalnie będzie luty. Wtedy będziecie analizować wasze problemy emocjonalne i relację z partnerem / partnerką. Będziecie musieli dużo rozmawiać i rozumieć. Będzie to jednak dobry rok dla was i waszych przyjaciół. Będziecie mogli na nich liczyć w każdej sytuacji. Będziecie często podróżować w grupie, spotykać nowych i interesujących ludzi.

*Na podstawie: http://rozrywka.onet.pl/horoskopy/17,lista.html

10b Proszę przeczytać tekst jeszcze raz i zdecydować, która informacja jest prawdziwa.

Przykład: W przyszłym roku osoby spod znaku Lwa rzadko / często będą chorować.
1. W marcu / w maju osoby spod znaku Lwa będą musiały uważać na grypę.
2. Dużo stresu osoby spod znaku Lwa będą mieć we wrześniu / w październiku.
3. W przyszłym roku osoby spod znaku Lwa będą dużo / mało pracować.
4. Szczególnie trudny emocjonalnie będzie dla Lwów styczeń / luty.
5. Lwy będą często spotykać ciekawych / niemiłych ludzi.

10c Proszę odpowiedzieć na pytania.

Przykład: Z czym Lwy nie będą mieć problemów w przyszłym roku?
Lwy nie będą mieć problemów ze zdrowiem i z kondycją fizyczną.
1. W jakich miesiącach będą musiały uważać osoby z tendencją do alergii?
2. Kiedy osoby spod znaku Lwa będą musiały iść do dentysty?
3. W jakich miesiącach osoby spod znaku Lwa będą musiały uważać na pieniądze?
4. Dla przedstawicieli jakich zawodów będzie to dobry rok?
5. Kiedy Lwy będą analizować relację z partnerem / partnerką?

● **Proszę pracować w grupie. Proszę wybrać trzy kategorie i napisać, jaki był świat w przeszłości, jaki jest świat teraz i jaki będzie świat w przyszłości?**

Przykłady:

Ludzie: W przeszłości kobiety nie mogły być politykami. Teraz kobiety mogą być politykami. W przyszłości kobiety też będą mogły być politykami.

Transport: Dawniej ludzie często chodzili pieszo. Dzisiaj ludzie często jeżdżą samochodami. Może w przyszłości ludzie często będą latać rakietami.

Kategorie: ludzie (kobiety, mężczyźni, dzieci), transport, jedzenie, kultura, komunikacja, technika, języki obce, moda.

Jaki był świat w przeszłości?
w przeszłości...
dawniej...
100 / 200 lat temu...

Jaki jest świat teraz?
teraz...
dzisiaj...
obecnie...

Jaki będzie świat w przyszłości?
w przyszłości...
wkrótce...
za 100 / 200 lat...

lekcja 11

czy już to umiesz?

lekcja 12

Sytuacje komunikacyjne pytanie o lokalizację, drogę oraz informację
Słownictwo kierunki świata, obiekty w mieście
Gramatyka i składnia miejscownik liczby pojedynczej i mnogiej przymiotników, rzeczowników i zaimków
Materiały autentyczne mapa Polski, plan miasta, tekst na temat Małopolski, napisy i szyldy

Gdzie jesteś?

Słownictwo

1a Proszę odpowiedzieć na pytania.

a) Był Pan / była Pani już w Polsce? Gdzie?
b) Co Pan / Pani wie o Polsce? Czy umie Pan / Pani podać nazwę 3 rzek w Polsce?, Czy wie Pan / Pani, ile jest w Polsce województw i umie podać nazwy kilku z nich?

1b Proszę z kolegą / koleżanką rozwiązać krzyżówkę:

Poziomo:
1) Jak się nazywają najwyższe góry w Polsce?
2) Jak się nazywa najdłuższa rzeka Polski?
3) Jak się nazywa polskie morze?
4) Jak się nazywa region jezior w północno-wschodniej Polsce?

Pionowo:
5) Jak się nazywa stolica Polski?
6) Czy Bieszczady to góry czy miasto?

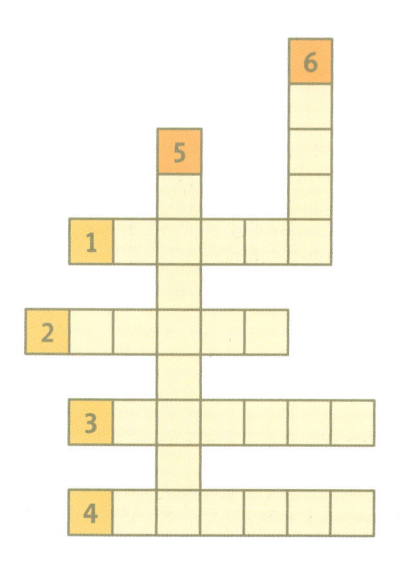

POLSKA

Morze Bałtyckie (Bałtyk)
GDAŃSK
Mazury
Odra
Wisła
Bug
POZNAŃ
Warta
WARSZAWA
WROCŁAW
Odra
Wisła
KRAKÓW
Tatry
Bieszczady

na północy
na północnym zachodzie — na północnym wschodzie
na zachodzie — na wschodzie
na południowym zachodzie — na południowym wschodzie
na południu

EUROPA I ŚWIAT

1c Proszę odpowiedzieć na pytania.

Przykład: **Gdzie leży Francja?** Francja leży na zachodzie Europy.

Gdzie leży...? Francja / Grecja / Wielka Brytania / Rosja
Gdzie leżą...? Niemcy / Włochy / Czechy / Węgry / Chiny

1d Proszę zapytać kolegę / koleżankę: gdzie leży twój kraj lub region, twoje miasto?

Wyspa Relaksandia zaprasza!

2595 m n.p.m.
GÓRY WYSOKIE
WIEŚ CICHOWO
RZEKA ZIMNA
PARK NARODOWY NIRWANDIA
plaża
JEZIORO CIEPŁE
klasztor i zamek XII w.
UTOPIA (stolica)
PORT GDYBIA
plaża

Gramatyka

lekcja 12

ZWIEDZAMY MAŁOPOLSKĘ

1 Małopolska leży w południowej Polsce. Ten region jest dużą atrakcją turystyczną. Są tu klasztory, pałace oraz ruiny zamków.

   Kraków jest jednym z najstarszych miast w Polsce. Jest
5 tu wiele interesujących zabytków, wpisanych na listę UNESCO, na przykład Wawel – zamek królów polskich, a także kościół Mariacki z ołtarzem Wita Stwosza. Na krakowskim Rynku można napić się kawy w jednej z wielu kawiarni i posłuchać hejnału granego co godzinę z wieży kościoła
10 Mariackiego. Warto zwiedzić także Kazimierz – starą dzielnicę żydowską.

   Na południowy wschód od Krakowa, w Wieliczce jest znany obiekt turystyczny – zabytkowa kopalnia soli. Na północ od Krakowa, w Ojcowie znajduje się piękny park na-
15 rodowy, a sto kilometrów na południe leżą Tatry – najwyższe góry w Polsce.

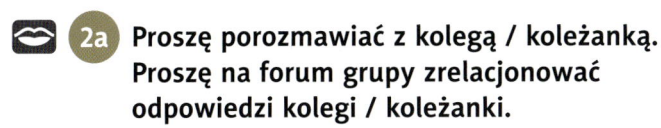

2a Proszę porozmawiać z kolegą / koleżanką. Proszę na forum grupy zrelacjonować odpowiedzi kolegi / koleżanki.

Przykładowe pytania:

a) Jak myślisz, co i gdzie można robić na wyspie – na wschodzie, na zachodzie, na północy, na południu? Dlaczego w tym rejonie?

b) Chcesz zainwestować pieniądze w hotel na wyspie. Gdzie chcesz go zbudować?

2b Proszę posłuchać nagrania, a następnie zaznaczyć na mapie wyspy, co jeszcze i gdzie dokładnie można na niej robić.

3a Proszę przeczytać tekst *Zwiedzamy Małopolskę*, a następnie odpowiedzieć na pytania.

Przykład: Gdzie leży Małopolska?
Małopolska leży w południowej Polsce.

a) Jak nazywa się stolica Małopolski?
....

b) Co można zwiedzić w Krakowie?
....

c) Co jest w Wieliczce?
....

d) Gdzie znajduje się Ojcowski Park Narodowy?
....

e) Jak daleko od Krakowa znajdują się góry?
....

3b Proszę wypisać wyrażenia przyimkowe i spójniki z tekstu *Zwiedzamy Małopolskę*. Czy rozumie Pan / Pani znaczenie wszystkich?

Przykład: *w południowej Polsce,*
....
....

3c Proszę w punktach przygotować informacje na temat Pana / Pani kraju lub regionu, a następnie opowiedzieć o nim na forum grupy.

Pytania pomocnicze:
– Czy leży nad morzem / oceanem?
– Czy są tam góry, jeziora, rzeki?
– Jak nazywa się stolica?
– Jak nazywa się najdłuższa rzeka?
– Co można zwiedzić w tym kraju / regionie?

101

• Słownictwo

MIASTO

4a Jakie słowa oznaczające obiekty i instytucje w mieście Państwo znają? Proszę z kolegą / koleżanką wpisać je do tabeli.

Zabytki	Instytucje kulturalne	Sklepy	Transport
Przykład: *pomnik*	*filharmonia*	*kiosk*	*dworzec autobusowy (PKS) i kolejowy (PKP)*

PRZEPRASZAM, JAK DOJŚĆ DO...?

4b Proszę posłuchać dialogu, a następnie z kolegą / koleżanką przygotować podobny dialog.

– Przepraszam, **gdzie jest** Rynek?
– Proszę?
– **Jak dojść do** Rynku?
– Przepraszam, nie rozumiem. Pan nie zna polskiego?
– Tylko trochę. Jestem turystą. Jestem Anglikiem.
– Ach, rozumiem. Pan jest turystą z Anglii.
– Tak, tak. I muszę jechać albo iść do Rynku. Rynek, rozumie pan?
– Tak, pan chce iść do Rynku.
– Tak!
– **Proszę iść prosto**, potem **skręcić w lewo**, potem w pierwszą ulicę **w prawo**.
– Przepraszam, proszę powtórzyć.
– Proszę iść prosto, potem skręcić w lewo, potem w pierwszą ulicę w prawo.
– Nie rozumiem.
– Nic nie szkodzi. Ja idę na Rynek. Mogę iść z panem.

Proszę skręcić w lewo | Proszę iść prosto | Proszę skręcić w prawo | Proszę zawrócić | Proszę przejść przez ulicę

Muzeum jest po lewej stronie. Hotel jest po prawej stronie. Bank jest na rogu.

4c Proszę posłuchać czterech dialogów, a następnie uzupełnić brakujące słowa.

a) – Przepraszam, jak ...*dojść*... do teatru „Bagatela"?
– Proszę iść .... ulicą Podwale, przejść przez ulicę i skręcić w .... Po lewej stronie jest teatr.
– Dziękuję.
– Nie ma za co.

b) – Przepraszam, jak dojechać do .... PKP?
– Autobusem numer 130 lub 115, tramwajem nr 4, 8, 13. Musi pan wysiąść na trzecim ....
– Dziękuję.
– Proszę.

lekcja 12

102

4d Jest Pan turystą / Pani turystką w Krakowie. Zwiedza Pan / Pani miasto. Proszę zadać koledze / koleżance poniższe pytania:

a) Idzie Pan / Pani z ulicy Floriańskiej na ulicę Grodzką. Jakie zabytki może Pan / Pani zobaczyć po drodze?
b) Jak dojść z Rynku do Collegium Maius?
c) Jak dojść z Kazimierza na dworzec PKP?

4e Jest Pan / Pani z rodziną tylko jeden dzień w Krakowie. Co chce Pan / Pani zobaczyć? Proszę w punktach zaplanować program wycieczki.

• ....
• ....
• ....
• ....
• ....
• ....

Proszę przedstawić plan wycieczki na forum grupy.

4f Jest Pan / Pani na Rynku, pod kościołem Mariackim. Mówi Pan / Pani, jak dojść do obiektu X, ale nie podaje Pan / Pani jego nazwy. Osoby z grupy zgadują, do jakiego obiektu Pan / Pani idzie.

c) – Przepraszam, gdzie jest .... Wawel?
– Na .... ulicy Grodzkiej i Stradom.
– A jak tam dojechać?
– To niedaleko, proszę iść do końca tej ulicy i potem .... w prawo.
– Dziękuję.

d) – Przepraszam, gdzie jest .... Mariacki?
– Nie wiem. Nie jestem stąd.
– O, przepraszam.

lekcja **12**

103

Wymowa

5a Gdzie rozmawiają te osoby? Proszę przeczytać na głos dialogi, a następnie dopasować je do nazw miejsc.

- ☐ **1** w kasie muzeum
- ☐ **2** w kiosku
- ☐ **3** w punkcie sprzedaży biletów MPK
- ☐ **4** w punkcie informacji turystycznej

a) – Proszę jeden bilet.
– Normalny czy ulgowy?
– Ulgowy.
– 1,20 zł.
– Proszę.

b) – Proszę bilet tygodniowy.
– Od kiedy?
– Od dzisiaj.
– 22,00 zł.

c) – Proszę dwa bilety ulgowe na wystawę impresjonistów.
– Na dzisiaj już nie ma biletów. Są na piątek i sobotę.
– Proszę zarezerwować dwa bilety na piątek.
– Na jakie nazwisko?
– Nowicki.
– Proszę bardzo. Bilety może pan odebrać w kasie.
– Dziękuję. Do widzenia.
– Do widzenia.

d) – Przepraszam, chciałbym iść do muzeum, ale nie wiem, w którym są jakieś interesujące wystawy.
– W Muzeum Narodowym jest ekspozycja „Impresjonizm francuski". Proszę, tu jest nowy informator kulturalny z informacjami o kinach, muzeach, teatrze.
– Czy mogę prosić o mapę Krakowa?
– Jest w informatorze.
– Dziękuję bardzo.

5b Proszę z kolegą / koleżanką przygotować podobny dialog jak jeden z dialogów w ćwiczeniu 5a, a następnie zaprezentować go na forum grupy.

5c Proszę w grupie zaprojektować nowe miasto. Proszę zaprezentować to miasto innym grupom.

– Jakie obiekty muszą być w mieście? Sklepy, kawiarnia, park, dworzec?
– Na jakiej ulicy Państwo mieszkają w tym mieście?
– Jak nazywa się to miasto?

6a Co robimy w tych miejscach? Proszę poprawić poniższe zdania, jeśli są nielogiczne.

Przykład: W kawiarni piję kawę, kupuję ~~chleb~~. *ciastko.*

a) W ambasadzie dyskutuję z nauczycielem.
b) W sklepie spożywczym jem dżem.
c) W galerii śpię.
d) W Internecie pływam.
e) W parku siedzę, spaceruję.
f) W górach bardzo głośno słucham muzyki.
g) W szkole jestem uczniem i uczę.
h) W hotelu zamawiam budzenie na 7.00.
i) W biurze rozmawiam prywatnie przez telefon.
j) Na krześle leżę.
k) Na dworcu pytam o informację, kupuję bilet.
l) Na Rynku grilluję i piję piwo.
m) Na parkingu remontuję samochód.

Gramatyka

6b Proszę napisać, jakie są podstawowe formy słów podkreślonych w ćwiczeniu 6a.

miejscownik	mianownik
w ambasadzie	*ambasada*

lekcja 12

104

w **na** **po** **przy**

po

o

MIEJSCOWNIK: o kim? o czym? *w, na, o, po, przy*

LICZBA POJEDYNCZA PRZYMIOTNIKÓW I RZECZOWNIKÓW

PRZYMIOTNIK

Od roku pracuję w now**ym** biurze. Czasami robię zakupy w tym drog**im** sklepie.	**-ym** / (-k, -g) **-im**	rodzaj męski, rodzaj nijaki
Uczę się w polsk**iej** szkole w Warszawie.	**-ej** / (-k, -g) **-iej**	rodzaj żeński

RZECZOWNIK

mianownik	rodzaj męski	rodzaj żeński		rodzaj nijaki
b, p, m, n, w, f, s, z	w klubie, w sklepie o mamie, na oknie w Warszawie, o szefie w klasie, w Efezie	**-ie**		
Alternacje: t:cie, d:dzie, st:ście, zd:ździe, sł:śle, r:rze, ł:le		na uniwersytecie na snowboardzie w mieście o gwieździe na krześle w teatrze na stole	**-e**	
	-u		**-e**	**-u**
k g h, ch	w kiosku w rogu na dachu	Alternacje: w Polsce w Pradze o musze	k:ce g:dze ch:sze	w jabłku w tangu w uchu
c, dz, cz, sz, rz, ż	na kocu w Grudziądzu o meczu w koszu o mężu	w pracy, o władzy, na daczy, o suszy, na wieży	**-y**	w słońcu
l, j, i, ś, ń, ć, ź	w fotelu w maju o Jasiu na koniu	w sali, w restauracji, w Belgii, o Kasi, w kuchni, o babci, o Zuzi	**-i**	

Alternacje ó:o/e   stół – na stole, kościół – w kościele
a:e   miasto – w mieście

UWAGA!
syn – o synu
pan – o panu
dom – w domu

muzeum – w muzeum
liceum – w liceum

wieś – na wsi
Austria – w Austrii
ekonomia
– o ekonomii

LICZBA MNOGA PRZYMIOTNIKÓW I RZECZOWNIKÓW
rodzaj męski, żeński i nijaki

Ubrania kupuję w drog**ich** sklep**ach**. Studenci uczą się w nowoczesn**ych** bibliotek**ach**. Premiery filmów są w duż**ych** kin**ach**.
przymiotnik: **-ych** / (-k, -g) **-ich**
rzeczownik: **-ach**

UWAGA! Niemcy – w Niemczech, Włochy – we Włoszech, Węgry – na Węgrzech

lekcja **12**

lekcja 12

To sympatyczny Polak.
On jest sympatycznym Polakiem.
On ma sympatyczną rodzinę:
ojca, matkę, żonę, dziecko i psa.
Lubi chodzić do restauracji,
ale nie lubi pić kawy.
Zwykle kupuje dużo warzyw, owoców i soków.
Mieszka **w Polsce**, pracuje **w biurze**. **Po pracy** czasem idzie na obiad do restauracji i siada **przy stoliku przy oknie**. Teraz myśli **o urlopie**.

Pan Kowalski

7a O czym mówi się teraz w Pana / Pani kraju? A jakie są tematy tabu – o czym się nie mówi?

W .... mówi się o ....
o ....
o ....
W .... nie mówi się o ....
o ....
o ....

7b Proszę zdecydować, która forma jest poprawna.

Przykład: Marek był w
    a) sklepu   b) <u>sklepie</u>   c) sklepem.

1. Andrzej studiuje w
    a) małym miastem   b) małym mieście   c) małe miasto.
2. Zakopane leży na
    a) południu Polski   b) południe Polski   c) południa Polski.
3. Mieszkamy na
    a) ulica Wrocławska   b) ulicy Wrocławskiej
    c) ulicą Wrocławską.
4. Studenci spotkali się na
    a) uniwersytet   b) uniwersytetu   c) uniwersytecie.
5. Ewa mieszka w
    a) Praga   b) Pragi   c) Pradze.
6. Ruth pracuje w
    a) Brukseli   b) Brukselę   c) Brukselą.
7. Dawno nie byliśmy w
    a) teatru   b) teatr   c) teatrze.
8. Nigdy nie mówił źle o
    a) szefem   b) szefa   c) szefie.
9. Lublin jest na
    a) wschodzie Polski   b) wschodu Polski   c) wschód Polski.
10. Słubice są na
    a) zachód Polski   b) zachodu Polski   c) zachodzie Polski.

7c Proszę zapytać kolegę / koleżankę:

Przykład: Gdzie się uczysz?
.... *W szkole* ....
– Gdzie zwykle odpoczywasz?
....
– O czym często rozmawiasz?
....
– O czym nie lubisz rozmawiać?
....
– Gdzie dokładnie mieszkasz?
....
– Gdzie planujesz spędzić wakacje?
....
– Gdzie kupujesz książki?
....
– O kim często myślisz?
....
– Na czym umiesz grać?
....
– Gdzie pracujesz / studiujesz?
....
– O czym marzysz?
....

Proszę przedstawić odpowiedzi kolegi / koleżanki na forum grupy.

Gramatyka

Wymowa

8a Proszę z kolegą / koleżanką przeczytać tekst *Rozmowa telefoniczna*.

On: Myślę o tobie.
Ona: O mnie?
On: Tak. O nas myślę.
Ona: A o niej nie myślisz?
On: O kim?
Ona: Ty wiesz o kim.
On: Oczywiście, że nie. A ty o nim?
Ona: Nie, nie myślę o nim.
On: To dobrze. Nie myślmy o nich. To już historia.

Wymowa

8b Proszę poprawić zdania. Proszę na głos i z odpowiednią intonacją przeczytać poprawione zdania.

Przykład: Basia zwykle siedzi przy ~~ja~~ *mnie* na wykładzie, ale nie dziś. Nie wiem, dlaczego.

a) Ciągle myślę i marzę o ~~ona~~.
b) Dziennikarze dużo piszą o kandydacie na prezydenta, a dokładnie o ~~on~~ i jego skandalach.
c) Idę na egzamin po ~~wy~~. Boję się iść pierwszy.
d) Przepraszam, ale tu jest dziecko! Proszę nie palić przy ~~ono~~. To zresztą przedział dla niepalących!
e) Wiesz, Paweł mi mówił, że on myśli o ~~ty~~!
f) Tu jest miejsce dla inwalidy. Dlaczego pan na ~~ono~~ siedzi?
g) Chciałbym mieć w końcu urlop. Marzę o ~~on~~.

ZAIMKI OSOBOWE – MIEJSCOWNIK

liczba pojedyncza		liczba mnoga	
ja	**o mnie**	my	**o nas**
ty	**o tobie**	wy	**o was**
on	**o nim**	oni	**o nich**
ona	**o niej**	one	**o nich**
ono	**o nim**		

lekcja **12**

8c O czym się plotkuje? Proszę z kolegą / koleżanką ułożyć dialog *Plotki przy kawie*. Proszę użyć form zaimków osobowych w miejscowniku. Proszę przedstawić swój dialog na forum grupy.

9 Co znaczą te symbole?

a) b) c)
d) e) f) g)

Gdzie na mapie znajdują się te obiekty? Proszę je podpisać:

*dworzec PKP i PKS   poczta   postój taksówek
przystanek   skrzyżowanie   most   pomnik
zamek   kościół   rynek*

**Jest Pan / Pani w punkcie X.
Proszę napisać, jak dojść:**

– Do przystanku:
Proszę iść prosto, potem skręcić w prawo i przejść przez skrzyżowanie. Przystanek jest na lewo.
– Do dworca: ....
....
– Do rynku: ....
....
– Na pocztę: ....
....
– Do kościoła: ....

Czy już to umiesz?

Jesteś tutaj

107

lekcja 13

Sytuacje komunikacyjne dialogi w podróży, telefoniczna rezerwacja pokoju
Słownictwo urlop, podróżowanie, dworzec, lotnisko
Gramatyka i składnia przyimki łączące się z różnymi przypadkami
Materiały autentyczne oferty turystyczne, pocztówki, rezerwacja pokoju przez Internet

Jadę na urlop!

Słownictwo

URLOP / WAKACJE

1a Proszę dopasować poniższe pytania zgodnie z podanym przykładem.

na jak długo? ✓dokąd? z kim? czym? jak? kiedy? co bierzemy ze sobą? gdzie jemy? gdzie nocujemy? jaka jest pogoda? co robimy?

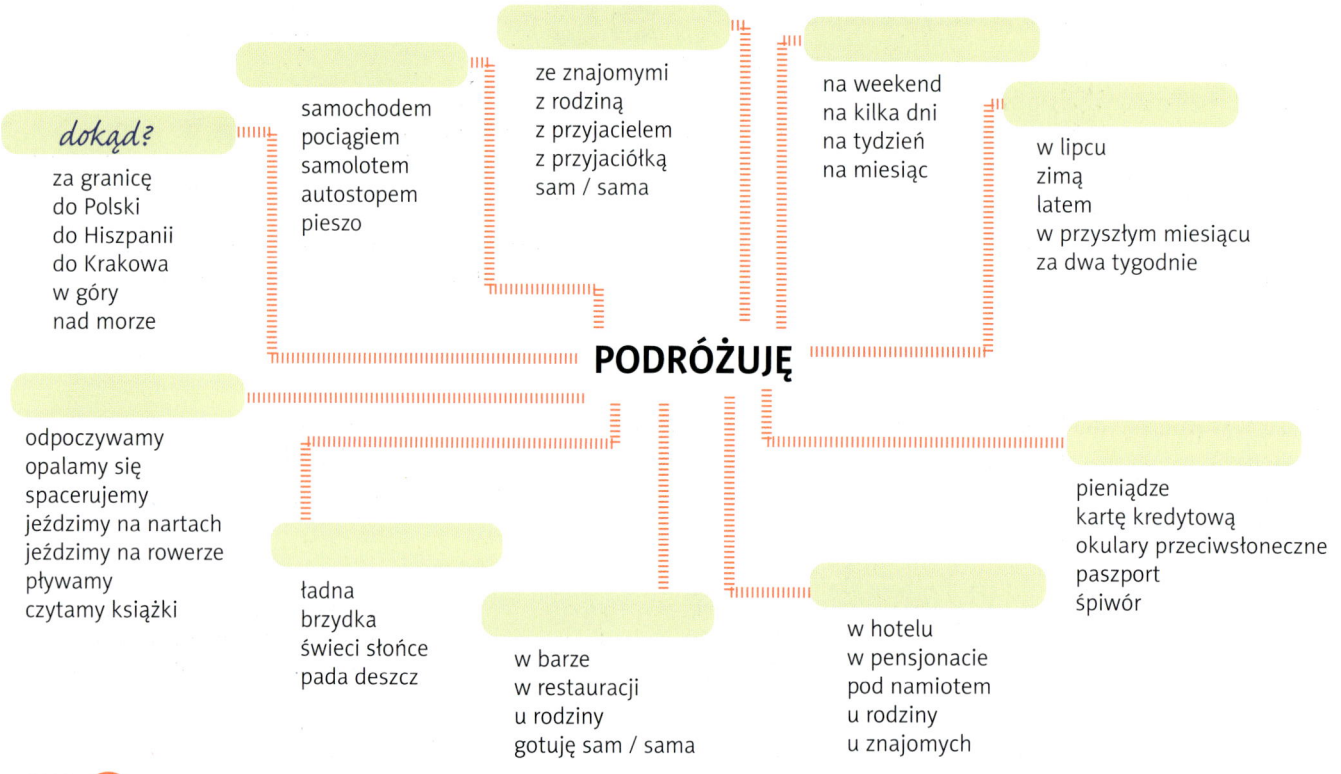

PODRÓŻUJĘ

dokąd?
za granicę
do Polski
do Hiszpanii
do Krakowa
w góry
nad morze

samochodem
pociągiem
samolotem
autostopem
pieszo

ze znajomymi
z rodziną
z przyjacielem
z przyjaciółką
sam / sama

na weekend
na kilka dni
na tydzień
na miesiąc

w lipcu
zimą
latem
w przyszłym miesiącu
za dwa tygodnie

odpoczywamy
opalamy się
spacerujemy
jeździmy na nartach
jeździmy na rowerze
pływamy
czytamy książki

ładna
brzydka
świeci słońce
pada deszcz

w barze
w restauracji
u rodziny
gotuję sam / sama

w hotelu
w pensjonacie
pod namiotem
u rodziny
u znajomych

pieniądze
kartę kredytową
okulary przeciwsłoneczne
paszport
śpiwór

1b Proszę pracować w grupie. Jakie są Państwa propozycje innych kategorii i innych przykładów?

2a Proszę wybrać kilka z poniższych pytań i porozmawiać z kolegą / koleżanką na temat urlopu.

PODRÓŻ / URLOP / WAKACJE

1. Czy lubisz podróżować? Dlaczego?
2. Gdzie chętnie spędzasz urlop?
3. Lubisz jeździć za granicę?
4. Z kim lubisz być na urlopie? Lubisz spędzać urlop ze znajomymi, z rodziną? A może jeździsz na urlop sam / sama?
5. Dokąd nie lubisz jeździć?
6. Czym wolisz podróżować – samochodem, pociągiem czy samolotem? A może autostopem? Dlaczego?
7. Czy wolisz urlop w mieście, czy na wsi?
8. Wolisz urlop zimą czy latem? Dokąd jeździsz zimą, a dokąd latem?
9. Co zwykle robisz, a czego nigdy nie robisz na urlopie?
10. Co bierzesz ze sobą na urlop?
11. Wolisz urlop w górach czy nad morzem? Dlaczego?
12. Gdzie i kiedy planujesz spędzić następny urlop?
13. Gdzie nocujesz podczas podróży?
14. Byłeś / byłaś już w Polsce? Ile razy? Jakie polskie miasta znasz? Do jakich miast chcesz pojechać?
15. Czy pamiętasz twój najlepszy / najgorszy urlop?

2b Proszę przeczytać ankietę z portalu internetowego i powiedzieć, dokąd Polacy lubią jeździć na urlop? Gdzie ludzie z Pana / Pani kraju chętnie spędzają wakacje?

GDZIE POLACY SPĘDZAJĄ URLOP?

ankieta portalu www.polacyipodroze.com

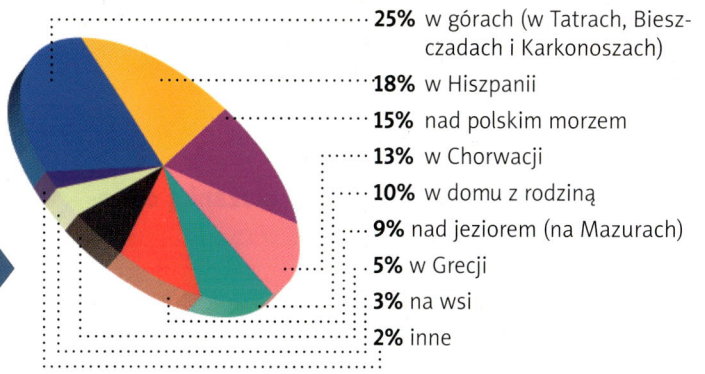

- 25% w górach (w Tatrach, Bieszczadach i Karkonoszach)
- 18% w Hiszpanii
- 15% nad polskim morzem
- 13% w Chorwacji
- 10% w domu z rodziną
- 9% nad jeziorem (na Mazurach)
- 5% w Grecji
- 3% na wsi
- 2% inne

lekcja 13

3a Proszę przeczytać internetowe oferty wakacyjne i zdecydować z kolegą / koleżanką, która oferta będzie atrakcyjna dla poszczególnych osób. Dlaczego tak Państwo myślą?

Jak myślisz, która oferta jest atrakcyjna dla tego mężczyzny / dla tej kobiety?
Myślę, że oferta pierwsza albo druga, bo...

OFERTA nr 1
Wakacje z językiem polskim. Intensywny kurs wakacyjny w Krakowie
niepowtarzalna atmosfera miasta :: codziennie 5 godzin nauki :: warsztaty fonetyczne :: konsultacje gramatyczne :: biblioteka językowa :: zakwaterowanie u polskiej rodziny
Szkoła Języków Obcych, PREFIX, www.prefix.edu.pl

OFERTA nr 2
A MOŻE NAD MORZE? Oferujemy: Urlop nad Bałtykiem – Ustka, Łeba, Sopot, Międzyzdroje, Dźwirzyno
Zakwaterowanie: hotel, pensjonat, kwatera prywatna, pole namiotowe, możliwość wykupienia wyżywienia, kursy windsurfingu i inne atrakcje
www.urlopnadbaltykiem.prv.pl

OFERTA nr 3
Lubisz wodę, słońce i przygodę? ZAPRASZAMY NA MAZURY! Wakacje pod żaglami
czarterowanie jachtów i żaglówek :: atrakcyjne ceny :: kursy żeglarskie dla dzieci i dorosłych :: rezerwacja telefoniczna lub on-line
ŻAGLOPOL, 0-87 654 98 08, www.zaglopol.mazury.pl

OFERTA nr 4
Zakopane zaprasza latem i zimą – zapraszamy Państwa w Tatry, tu czeka na Państwa: czyste powietrze, gwarantowany wypoczynek
NASZA OFERTA: zakwaterowanie w pensjonacie, akceptujemy zwierzęta, codziennie wycieczki w góry z przewodnikiem, weekendowe wycieczki na Słowację, latem możliwość wypożyczenia roweru, zimą kursy narciarskie dla dzieci i dorosłych
BIURO PODRÓŻY „TATRO-POL", www.tatropol.prv.pl

OFERTA nr 5
Interesujesz się historią, architekturą i kulturą polską? Proponujemy program: „Miesiąc w Polsce"
Oferujemy: wycieczki do polskich miast, zwiedzanie z przewodnikiem, zakwaterowanie w hotelach o wysokim standardzie, obiady w najlepszych restauracjach, przejazd z miasta do miasta superkomfortowym autokarem
Biuro Podróży TUR-POLONIUM, www.polonium.trav.pl

3b Co będą mieć w walizce / w plecaku / w torbie osoby ze zdjęć z ćwiczenia 3a?

latarka, namiot, słownik, ołówek, strój kąpielowy, kąpielówki, okulary przeciwsłoneczne, balsam do opalania, buty górskie, śpiwór, zeszyt, paszport, kurtka przeciwdeszczowa

... jedzie nad morze, więc bierze ze sobą...

3c Dokąd chciałby Pan / chciałaby Pani pojechać? Którą ofertę Pan / Pani wybierze? Dlaczego? Proszę zrobić listę rzeczy, które bierze Pan / Pani ze sobą na urlop.

109

BIURO TURYSTYCZNE „NA WALIZKACH"

lekcja 13

http://www.nawalizkach.pl

• Temperatura wody: Ibiza 26, Cannes 23, Neapol 26, Chorwacja 25, Bałtyk 17 stopni

- Blondynki górą
- Wakacyjna miłość
- W 80 dni dookoła świata

Okazja! Riwiera Olimpijska za 999 PLN

- Wycieczki autokarowe:
  Włochy 1299 PLN
  Hiszpania 1499 PLN
- Przelot samolotem:
  Egipt 1450 PLN
  Dominikana 1450 EUR
  Tunezja 300 USD

Kraj: Grecja.
Region: Riwiera Olimpijska.
Miasto: Platamon – nieduże miasteczko turystyczne z piękną plażą. Wiele świetnych restauracji, które oferują tradycyjne greckie potrawy. Dyskoteki ze wspaniałą atmosferą.
Cena: 999 PLN od osoby (7 dni) / 1099 PLN (2 tygodnie). Dzieci do lat 10 za pół ceny!
Zakwaterowanie – Hotel „Olimp": 100 metrów od plaży. Rodzinna atmosfera, apartamenty 3- i 4-osobowe z telefonem, łazienką i balkonem. Klimatyzacja za dodatkową opłatą. W hotelu jest restauracja, basen, kawiarnia i dyskoteka.
Wyżywienie: śniadanie kontynentalne.
Sport: windsurfing na plaży (za opłatą).
Cena zawiera: przelot samolotem LOT, ubezpieczenie, zakwaterowanie, wyżywienie, opiekę rezydenta, jeden wieczór grecki z muzyką i tradycyjnymi daniami.
Cena nie zawiera: opłat lotniskowych oraz transferu do i z hotelu 60 EUR.
Wycieczki fakultatywne: Ateny 20 EUR, klasztory Meteora 15 EUR, Olimp 15 EUR, Delphi 30 EUR, Waterland (park wodny) 25 EUR
Rezerwacja: 0801-123-234, grecja@nawalizkach.com.pl

- Tanie bilety lotnicze
- Noclegi w Polsce
- Hotele w Polsce
- Hotele na świecie
- Zamów nasz katalog!
  0801-123-234
- Last minute!

UWAGA na słowa:
za opłatą – musi Pan / Pani płacić.
za darmo – nic Pan / Pani nie płaci, gratis.

7a Proszę szybko przeczytać tekst i zdecydować, czy to jest prawda (P) czy nieprawda (N).

Przykład: Platamon to duże miasto w Grecji.   P /(N)
1. Dzieci mogą jechać na tę wycieczkę za darmo, to znaczy, że nic nie płacą.   P / N
2. Czternaście dni w Platamon jest droższe niż siedem dni tylko o 100 PLN.   P / N
3. Za klimatyzację trzeba zapłacić.   P / N
4. Biuro oferuje śniadania w formie szwedzkiego stołu.   P / N
5. To jest oferta podróży samochodem lub autokarem.   P / N
6. W Waterland jest basen.   P / N
7. Możliwa jest telefoniczna rezerwacja tej wycieczki.   P / N

7b Jest Pan zainteresowany/ Pani zainteresowana ofertą wycieczki autokarowej do Włoch (1299 PLN, last minute). Pisze Pan / Pani list do biura „Na walizkach". O co musi Pan / Pani zapytać? Proszę zrobić listę pytań.

Przykład: Jaki jest termin wycieczki?
1. ....?   4. ....?
2. ....?   5. ....?
3. ....?   6. ....?

7c Proszę uzupełnić e-mail do biura „Na walizkach".

Od: ....@............................
Do: nawalizkach@nawalizkach.pl
Data: 12 lipca 2006 10:45
Temat: Prośba o informacje

Szanowni Państwo,

jestem zainteresowan .... Państwa ofertą wycieczki do ....
Nie mam jednak wszystkich informacji. Po pierwsze – ....
....
Po drugie – ....
Nie wiem także, ...
Czy można ....?
Będę wdzięczn .... za szybką odpowiedź.

Z poważaniem

....

URLOP / WAKACJE

8a Proszę przeczytać pozdrowienia z wakacji i zdecydować, gdzie spędziły urlop osoby, które je napisały.

lekcja **13**

w Pradze   nad jeziorem
✓ w górach   nad morzem
w Zakopanem   u rodziny

Kochana Ciociu!   **0** _w górach_

Przesyłamy słoneczne pozdrowienia z pięknych Bieszczad. Mieszkamy w małym, przytulnym pensjonacie. Codziennie robimy długie piesze wycieczki. Jest wspaniale. Czyste powietrze i natura. Nie chcemy wracać do pracy!

Marta i Mariusz

Kochani Rodzice!   **1** ....

Deszczowe pozdrowienia z Mazur przesyłają

Wojtek i Marek

Ludzie są tu bardzo sympatyczni, Mazury piękne, ryby smaczne, ale pogoda fatalna. Pada i pada.

2 ....   Drogi Wojtku!

Gorąco pozdrawiamy ze stolicy Czech. Jest fantastycznie, miasto przepiękne, robimy dużo zdjęć.

Kasia i Ania

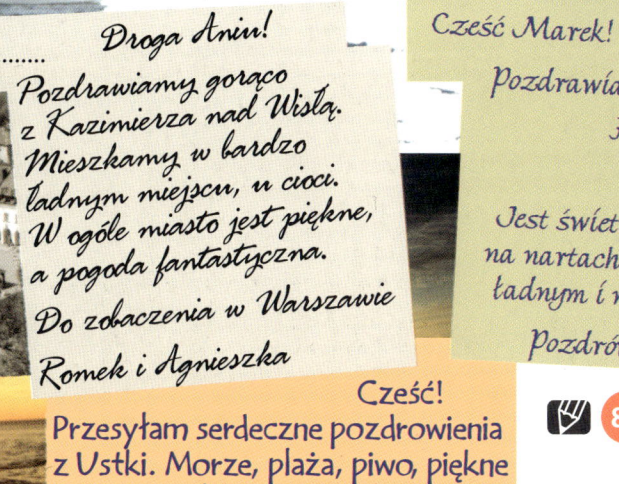

3 ....   Droga Aniu!

Pozdrawiamy gorąco z Kazimierza nad Wisłą. Mieszkamy w bardzo ładnym miejscu, u cioci. W ogóle miasto jest piękne, a pogoda fantastyczna.

Do zobaczenia w Warszawie

Romek i Agnieszka

Cześć Marek!   **4** ....

Pozdrawiam serdecznie ze stolicy polskich Tatr

Andrzej

Jest świetnie, codziennie jeżdżę na nartach. Mieszkam w bardzo ładnym i niedrogim pensjonacie.

Pozdrów ode mnie siostrę!

Cześć!
Przesyłam serdeczne pozdrowienia z Ustki. Morze, plaża, piwo, piękne kobiety i relaks. Jest świetnie!

Do zobaczenia

Wojtek   **5** ....

8b Proszę zaprojektować pocztówkę i napisać pozdrowienia do kolegi / koleżanki z kursu albo do znajomego / znajomej w Polsce.

Gramatyka

9a Proszę przeczytać przykłady w tabeli. Z jakim przypadkiem łączą się przyimki w tabeli? Czy jest to dopełniacz, biernik, narzędnik czy miejscownik?

PRZYIMKI

dynamicznie	do + ... do kogo?	do + ... dokąd?	na + ... dokąd?	na + ... na co?	w + ... dokąd?	nad + ... dokąd?
idę jadę lecę itd.	do kolegi do przyjaciół do rodziny do fryzjera	do Polski do Krakowa do domu do kawiarni do kina do parku	na plac na peron na parking na Mazury na pocztę na uniwersytet na dworzec	na kawę na piwo na spacer na wykład na kurs	w góry w Tatry w Alpy w Sudety w Bieszczady	nad morze nad jezioro nad rzekę nad Bałtyk nad Wisłę

statycznie	u + ... u kogo?	w + ... gdzie?	na + ... gdzie?	na + ... na czym?	w + ... gdzie?	nad + ... gdzie?
jestem mieszkam itd.	u kolegi u przyjaciół u rodziny u fryzjera	w Polsce w Krakowie w domu w kawiarni w kinie w parku	na placu na peronie na parkingu na Mazurach na poczcie na uniwersytecie na dworcu	na kawie na piwie na spacerze na wykładzie na kursie	w górach w Tatrach w Alpach w Sudetach w Bieszczadach	nad morzem nad jeziorem nad rzeką nad Bałtykiem nad Wisłą

9b Proszę zdecydować, gdzie będą znajdować się te słowa w powyższej tabeli.

> pub   kuzyn   lekcja   bar   lotnisko   toaleta   spektakl   film   babcia
> przystanek autobusowy   Himalaje   dentysta   Pireneje   Odra   wystawa

9c Jaki przyimek?

Przykład: Marta była w zeszłym tygodniu .....*u*.... fryzjera.

1. Andrzej był .... świetnym wykładzie o historii Polski.
2. W niedzielę byliśmy .... rodziców .... obiedzie.
3. W przyszłym tygodniu jadę .... góry .... Zakopanego.
4. Nigdy nie byliśmy .... Polsce.
5. Muszę iść .... pocztę, bo muszę kupić znaczek na list.
6. Kraków leży .... Wisłą, a Frankfurt .... Odrą.
7. Dawno nie byliśmy .... kinie .... dobrym filmie.
8. Masz ochotę iść ze mną .... spacer?
9. Muszę iść .... dentysty .... kontrolę.

I Czy już umiesz (3 zadania do wyboru):

- kupić bilet kolejowy?
- zapytać o infomację na dworcu?
- napisać ofertę turystyczną miasta / kraju, w którym mieszkasz?
- napisać pocztówkę z wakacji?
- napisać list do biura podróży z prośbą o udzielenie informacji?
- opowiedzieć o tym, jak spędziłeś / spędziłaś ostatni urlop?
- opowiedzieć o tym, jak lubisz spędzać wakacje?
- zarezerwować pokój w hotelu przez telefon lub drogą elektroniczną?

II Proszę zarezerwować pokój w hotelu.

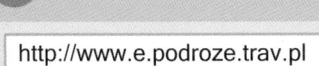

http://www.e.podroze.trav.pl

podróże > noclegi > rezerwacja on-line

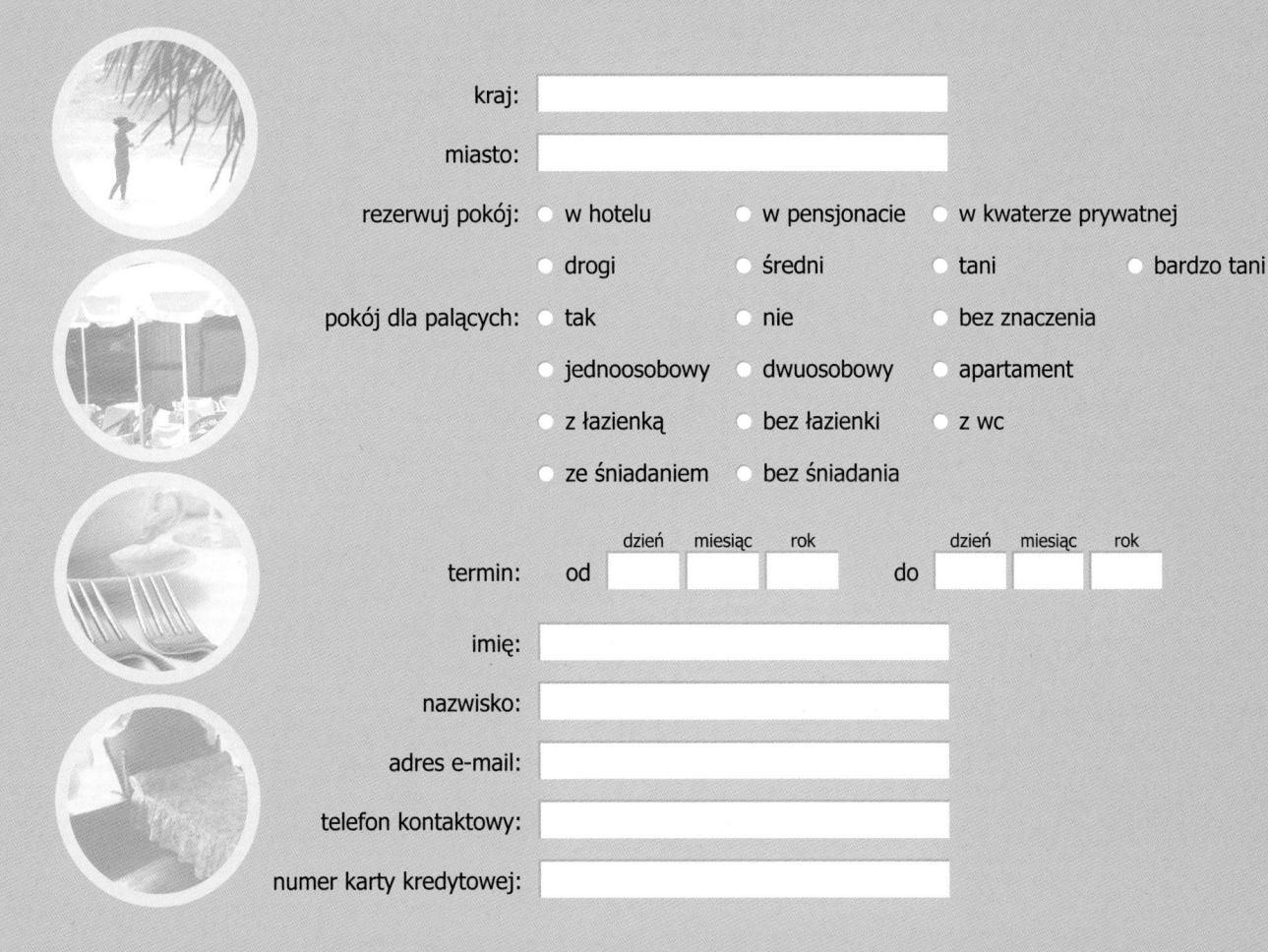

kraj:
miasto:
rezerwuj pokój: ○ w hotelu   ○ w pensjonacie   ○ w kwaterze prywatnej
○ drogi   ○ średni   ○ tani   ○ bardzo tani
pokój dla palących: ○ tak   ○ nie   ○ bez znaczenia
○ jednoosobowy   ○ dwuosobowy   ○ apartament
○ z łazienką   ○ bez łazienki   ○ z wc
○ ze śniadaniem   ○ bez śniadania

termin: od dzień miesiąc rok   do dzień miesiąc rok

imię:
nazwisko:
adres e-mail:
telefon kontaktowy:
numer karty kredytowej:

Czy już to umiesz?

lekcja 13

lekcja 14

Sytuacje komunikacyjne opisywanie i wynajmowanie mieszkania, informacje na automatycznej sekretarce

Słownictwo pomieszczenia w domu i mieszkaniu, meble, wynajem mieszkania

Gramatyka i składnia przyimki łączące się z różnymi przypadkami, mianownik i biernik liczby mnogiej przymiotników i rzeczowników niemęskoosobowych

Materiały autentyczne artykuł, folder reklamowy, ogłoszenia z gazety, list do redakcji

Szukam mieszkania.

Słownictwo — W MIESZKANIU

1 Proszę podpisać rysunki.

> fotel   krzesło   stół   lodówka   sofa   prysznic   telewizor
> dywan   regał   kwiatek   lampa   magnetowid   zdjęcie   biurko

lustro
obraz
pralka
półka
umywalka
szafka
wanna
szafa

116

Wymowa

2 Proszę powiedzieć i zapisać, co może znajdować się:

W przedpokoju: *lustro, szafa, lampa i* ....
W kuchni: ....
W pokoju: ....
W sypialni: ....
W łazience: ....
W piwnicy: ....
W garażu: ....
Na tarasie / na balkonie: ....

3 Proszę wybrać właściwe słowo.

Przykład: Rano myję się ....*w łazience*........ (w łazience, w pokoju, w kuchni)
1. Komputer stoi .... (na biurku, na stole, na krześle)
2. Lodówka jest .... (w łazience, w kuchni, w garażu)
3. Samochód stoi .... (w pokoju, w domu, w garażu)
4. Śpię .... (w sypialni, w wannie, w piwnicy)
5. Jem śniadanie .... (w kuchni, w łazience, w przedpokoju)
6. Gazeta leży .... (na stole, w lodówce, w wannie)
7. Biorę prysznic .... (w toalecie, w łazience, w jadalni)
8. Odpoczywam .... (w piwnicy, w garażu, w pokoju)

lekcja **14**

Pokoje dzienne
Sofy 24
Fotele, stoliki .... 36 – 43
Systemy meblowe, półki .... 46 – 65

Szafki kuchenne .... 66 – 71
Stoły i krzesła .... 75 – 82

Meble biurowe, biurka, szafki .... 85 – 90
Stoliki komputerowe .... 94 – 100
Akcesoria biurowe 101

Łóżka .... 102 – 108
Materace .... 109 – 111
Szafy .... 112 – 114

Szafy .... 115 – 120
Lustra .... 121 – 123

Usługi .... 124 – 126
Oferty kuponowe 127
Adresy, telefony, mapy 128

* Na podstawie: Katalog *IKEA 2003 egzemplarz bezpłatny*, Inter IKEA Systems B.V.2002

4a Proszę uzupełnić tytuły rozdziałów katalogu domu meblowego*.

Kuchnie i jadalnie
✓ Pokoje dzienne
Gabinety i pokoje do pracy
Sypialnie
Ważne informacje
Przedpokoje

Gramatyka

4b Z kolegą / koleżanką proszę poszukać w spisie treści tego katalogu przymiotników i rzeczowników w liczbie mnogiej.

4c Proszę napisać liczbę pojedynczą tych przymiotników i rzeczowników.

4d Jak Państwo myślą? Jak tworzymy mianownik liczby mnogiej przymiotników i rzeczowników niemęskoosobowych?

117

MIANOWNIK I BIERNIK LICZBY MNOGIEJ PRZYMIOTNIKÓW I RZECZOWNIKÓW NIEMĘSKOOSOBOWYCH

	rodzaj męski i żeński		rodzaj nijaki
rzeczownik	-y -k, -g + -i -ni, ń, sz, cz, rz, ż, l, j, c, dz, ś, ć, ź + -e	sofa – sofy stolik – stoliki materac – materace	-a lustro – lustra
przymiotnik	-e -k, -g + -ie	biurowy – biurowe drogi – drogie	

5 Proszę opracować w grupie (do wyboru):

a) ofertę handlową na targi mieszkaniowe
b) stronę internetową sklepu meblowego

Proszę użyć rzeczowników w liczbie mnogiej (przynajmniej 12) oraz następujących słów i zwrotów:

Zapraszamy do...
Proponujemy...
W naszej ofercie znajdują się...

6a Proszę przeczytać artykuł z gazety* i odpowiedzieć na pytania.

Urządzamy
Pokój dzienny

1 W pokoju dziennym przede wszystkim odpoczywamy, oglądamy telewizję, słuchamy muzyki albo spotykamy się ze znajomymi. Pokój dzienny musi być więc wyposażony w funkcjonalne meble. Nie proponujemy jednak wstawiać do niego za dużo mebli. W pokoju dziennym dużo siedzimy, musi więc być w nim: wygodna sofa, a przy niej fotele. Dobrze, kiedy przed sofą stoi niski stolik. Na nim mogą stać napoje. Ważną rolę pełni też lampa – może wisieć na suficie nad stolikiem albo stać na podłodze obok sofy. Na środku pokoju leży dywan. Przy ścianie proponujemy postawić niską szafkę na telewizor czy magnetowid. Przy ścianie albo najlepiej za drzwiami może stać też nieduży regał z książkami. Nie może on jednak zdominować pokoju. Na ścianach wiszą reprodukcje obrazów lub zdjęcia z własnej kolekcji. Coś jeszcze? Czekamy na Państwa propozycje...

* Na podstawie *Urządzamy pokój dzienny*, „Moje Mieszkanie" 2000, nr 7

1. Co robimy w pokoju dziennym?
2. Co musi być w pokoju dziennym?
3. Czy w pokoju dziennym musi być dużo mebli?
4. Na czym siedzimy w pokoju dziennym?
5. Gdzie może stać stolik?
6. Gdzie może znajdować się lampa?
7. Gdzie stoi szafka na telewizor?
8. Gdzie może stać regał z książkami?
9. Gdzie wiszą zdjęcia?

6b Proszę poszukać przyimków w artykule z ćwiczenia 6a. Proszę zrobić listę przyimków, które łączą się z narzędnikiem, miejscownikiem, dopełniaczem.

7 Proszę napisać rzeczownik w odpowiednim przypadku.

Przykład: Lampa wisi nad ...*biurkiem*.... . (biurko)

1. Łóżko stoi na .... (dywan)
2. Pod .... jest dywan. (łóżko)
3. Przed .... jest ogród. (dom)
4. Obok .... jest garaż. (dom)
5. Nie wiem, gdzie jest kot. Może jest za ....? (szafa)
6. Między .... a .... jest stolik. (sofa, fotel)
7. Biurko stoi przy .... (ściana)
8. Krzesło stoi przy .... (biurko)
9. W .... są ubrania. (szafa)

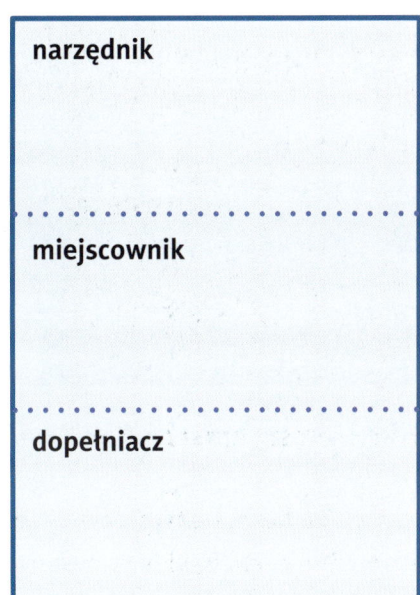

narzędnik
miejscownik
dopełniacz

lekcja **14**

8 Proszę znaleźć 12 szczegółów, które różnią te rysunki.

9 Proszę zapytać kolegę / koleżankę, jak wygląda jego / jej pokój. Na podstawie usłyszanych informacji proszę narysować ten pokój.

119

Słownictwo

10a Proszę uzupełnić ogłoszenia podanymi słowami.

> pokój ✓ dom kuchnią jadalnia wynajęcia
> sypialnie umeblowane mieszkania balkonem

NIERUCHOMOŚCI – SPRZEDAŻ • KUPNO • WYNAJEM

POSZUKUJĘ

• Kupię ......*dom*...... lub duże mieszkanie (może być do remontu), chętnie z garażem. 0607 320 230.

• Obcokrajowiec szuka .... na rok, jedno- lub dwupokojowego, chętnie umeblowanego. 0503 875 130.

• Studentka I roku szuka małego mieszkania lub pokoju do .... Możliwie blisko centrum.
0-12 567 23 45 (dzwonić wieczorem).

DO WYNAJĘCIA

• Jednoosobowy .... w mieszkaniu studenckim dla osoby niepalącej. Tanio. 012 422 65 73.

• Dwupokojowe z .... i balkonem, umeblowane. Do dyspozycji też garaż. Od zaraz. 0693 456 021.

• Jednopokojowe z aneksem kuchennym, ..., lodówka, pralka. Od zaraz. 0502 71 72 02.

SPRZEDAM

• Dom po remoncie z garażem, ogrodem i tarasem. Jednopiętrowy, dwie ...., dwa gabinety, pokój dzienny, ..., wyposażona kuchnia i łazienka. 012 292 67 01.

• Dwupokojowe z ...., w centrum, do remontu, tanio.
012 678 23 14 (dzwonić po południu).

10b Proszę pracować z kolegą / koleżanką. Proszę dopasować ogłoszenia z działu „Poszukuję" do tych z działów „Do wynajęcia" i „Sprzedam".

10c Planuje Pan / Pani przyjazd do Polski i szuka Pan / Pani mieszkania. Proszę napisać ogłoszenie do gazety.

Pytania pomocnicze:

• Jakiego pokoju / mieszkania / domu szukasz?
• W jakim mieście?
• Na jak długo?
• W jakiej części miasta?
(w centrum, za miastem, lokalizacja nie jest ważna)

11 Proszę posłuchać wiadomości nagranych na automatycznej sekretarce i uzupełnić informacje.

1. *Dzień dobry. Nie możemy teraz odebrać telefonu. Prosimy o zostawienie wiadomości po sygnale.*

• dzwoni: .....*Tomasz*........ Rybczyński.
• w sprawie: .... do wynajęcia.
• pyta: o cenę i czy .... jest z ....
• kontakt na: numer stacjonarny ....
  komórkowy ....

2. *Dzień dobry. Tu numer 567 23 45, proszę zostawić wiadomość po usłyszeniu sygnału.*

• dzwoni: .... Gruszkowska.
• chce zaproponować: .... do ....
• pokój jest ...., słoneczny i z ....
• opłata miesięczna: do uzgodnienia, ale ....
• ma nadzieję, że ....
• kontakt na numer ....

I Proszę uzupełnić list do redakcji*.

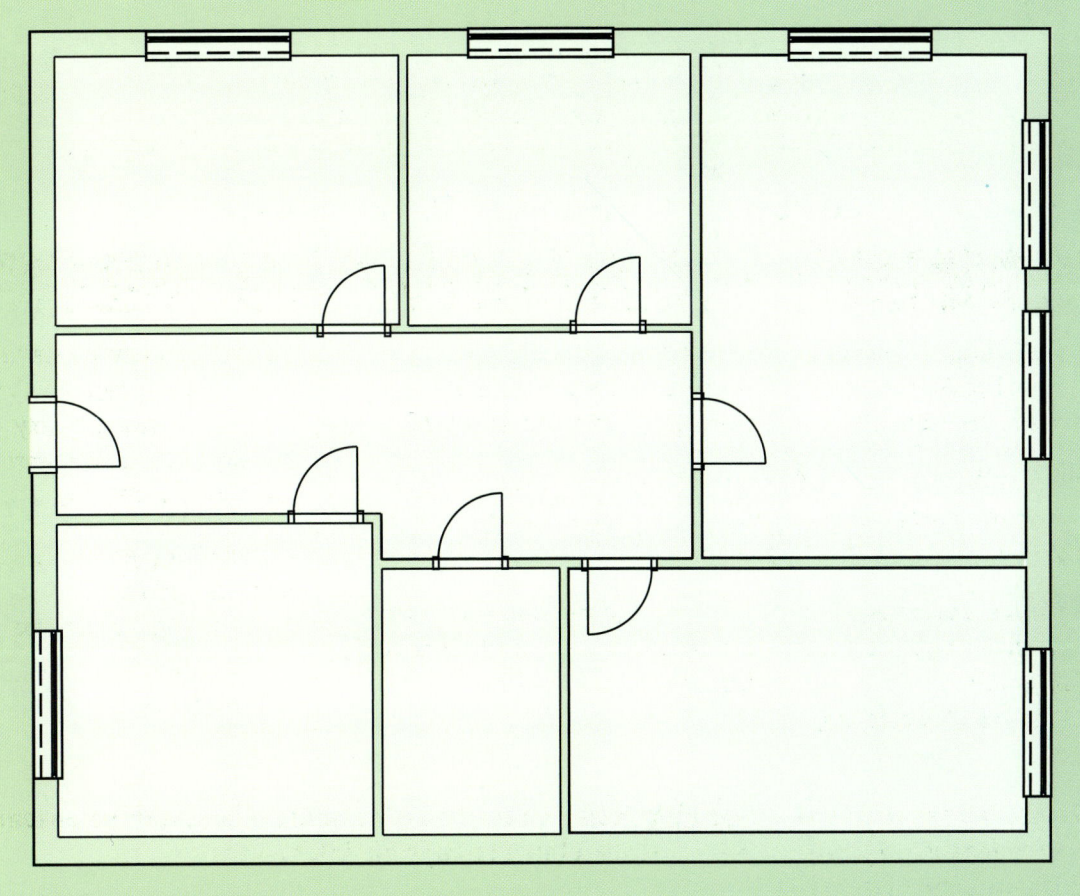

> *Droga Redakcjo,
> jesteśmy ......*młodym*...... małżeństwem.
> Ostatnio kupiliśmy ....
> mieszkanie. Planujemy .... Pracujemy
> w .... – razem prowadzimy małą firmę,
> potrzebujemy miejsca na .... z komputerem
> i stół, ... którym będziemy mogli rozmawiać
> z klientami. Chcielibyśmy mieć ....
> sypialnię i pokój ...., w którym będziemy
> mogli odpoczywać. Chcielibyśmy też jakoś urządzić
> ...., która niestety jest bardzo mała.
> Może trzeba ją powiększyć?
> Bardzo dziękujemy za radę.*
>
> **Pytajscy z Poznania**

domu ✓młodym
przy   remont
biurko
łazienkę   ładną
czteropokojowe
dzienny

* Na podstawie *Pytania i Odpowiedzi*, „Moje Mieszkanie" 2000, nr 7

II Jest Pan / Pani architektem. Proszę narysować i przedstawić plan mieszkania państwa Pytajskich – po remoncie, wyposażonego i umeblowanego.

lekcja **14**

Czy już to umiesz?

121

lekcja 15

Sytuacje komunikacyjne rozmowy i opinie na temat pogody, wyglądu i zdrowia, rejestracja w przychodni lekarskiej, wizyta u lekarza, udzielanie rady
Słownictwo pogoda i pory roku, części ciała
Gramatyka i składnia tworzenie przysłówków, konstrukcja *boli / bolą mnie...*
Materiały autentyczne prognoza pogody, list do redakcji, broszura klubu fitness

Wszystko mnie boli!

Słownictwo

JAKA DZIŚ JEST POGODA?

Wymowa

1 Proszę z kolegą / koleżanką przeczytać na głos dialogi.

a
– Dzień dobry, pani Różycka. Ale dziś zimno!
– A, dzień dobry panu. Tak, jest chyba minus 15 stopni. A rok temu, też w styczniu było bardzo ciepło, plus dwadzieścia stopni!

b
– Słuchaj, chyba nie ma sensu jechać dzisiaj na tę wycieczkę. Jest pochmurno i zaraz będzie deszcz.
– Może nie. W telewizji mówili, że dziś nie będzie padać.

2a Proszę przeczytać tekst, a następnie podpisać symbole.

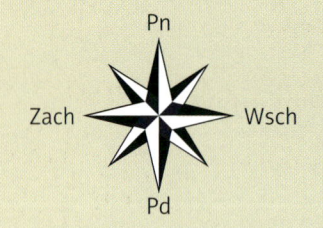

Pn
Zach — Wsch
Pd

Dziś jest wtorek, piętnasty dzień marca. Prognoza pogody na dzisiaj: będzie słonecznie i ciepło na południu, ale na północnym wschodzie będzie zimno i będzie padać deszcz, zaś na północnym zachodzie śnieg. W centrum będzie wiać silny wiatr, a wieczorem przejdą burze. Proszę pamiętać o parasolach! Temperatura – od pięciu stopni na północnym zachodzie do piętnastu na południu.

Przykład: *pada deszcz*

122

Wymowa

2b Proszę posłuchać prognozy pogody z ćwiczenia 2a, a następnie odczytać na głos tekst prognozy z odpowiednią intonacją.

2c Jaka pogoda jest w tych miastach?

a) W Buenos Aires
b) W Moskwie
c) W Londynie
d) W Pradze
e) W Rzymie
f) W Paryżu **5°**
g) W Los Angeles **25°**

PORY ROKU

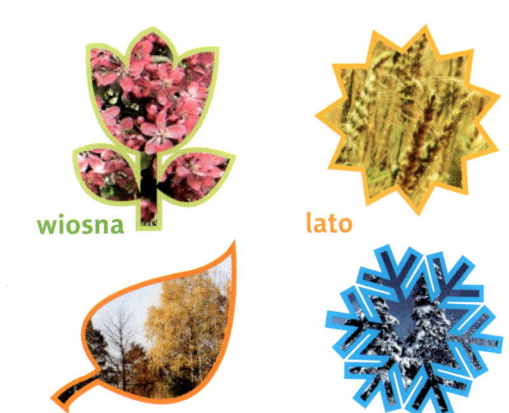

wiosna
lato
jesień
zima

3a Proszę napisać, jaka jest typowa pogoda w Pana / Pani kraju.

– Wiosną ....
....
– Latem ....
....
– Jesienią ....
....
– Zimą ....
....

3b Proszę zapytać kolegę / koleżankę z innego kraju, jaka jest typowa pogoda w jego / jej kraju. Jakie są różnice w porównaniu z pogodą w Pana / Pani kraju? Proszę opowiedzieć o tych różnicach na forum grupy.

Przykład: W Polsce zimą jest bardzo zimno, a w Australii gorąco.

3c Proszę odpowiedzieć na pytania.

– Jaka jest dziś pogoda?
– Jaka jest Pana / Pani ulubiona pora roku i dlaczego?
– Co można robić latem w Polsce i w Pana / Pani kraju?
– Co można robić zimą w Polsce i w Pana / Pani kraju?
– Jak ubiera się Pan / Pani zimą?
– Co nosi Pan / Pani latem?

3d Proszę porozmawiać o pogodzie z kolegami / koleżankami w grupie.

Przykładowe pytania:
– Co można robić, jeśli jesteś na urlopie / na wakacjach i pada deszcz?
– Jaka jest idealna pogoda na urlop / na wakacje?
– Jaka jest idealna pogoda, gdy musicie pracować?
– Co można robić, gdy jest bardzo gorąco (35 stopni)?

3e Proszę uzupełnić zdania. Proszę użyć wyrażeń:

☐ często świeci słońce
☐ są święta i jest Sylwester
☐ to czwarty miesiąc
☐ jest bardzo zimno i często pada śnieg
☐ dzieci idą do szkoły
☐ zaczyna się jesień
☑ wieje wiatr i pada deszcz
☐ ma tylko 28 albo 29 dni
☐ zaczyna się lato
☐ zaczyna się zima
☐ dzieci mają ferie zimowe
☐ zaczyna się wiosna

W październiku i w listopadzie _wieje wiatr i pada deszcz_.
a) W grudniu ....
b) W czerwcu ....
c) Luty ....
d) W grudniu ....
e) W styczniu ....
f) W maju ....
g) W marcu ....
h) We wrześniu ....
i) We wrześniu ....
j) Kwiecień ....
k) W lutym ....

lekcja **15**

PAN KOWALSKI NA PRZYJĘCIU ROZMAWIA O POGODZIE

4a Proszę posłuchać nagranego dialogu, a następnie odpowiedzieć, czy to prawda (P) czy nieprawda (N).

Przykład: Jesienią często pada deszcz, więc pan Kowalski nie chodzi na spacery. (P) / N
1. Kobieta nie lubi zimy, ponieważ wtedy jest zimno. P / N
2. Pan Kowalski woli spędzać urlop w górach. P / N
3. Pan Kowalski uważa, że nad morzem jest brzydko. P / N
4. Pan Kowalski mieszka niedaleko Zakopanego. P / N

Gramatyka

4b Proszę uzupełnić tabelę, zamieniając wyróżnione przymiotniki na przysłówki, a następnie układając własne zdania z ich użyciem. Proszę odczytać te zdania na forum grupy.

Przymiotnik	Przysłówek -o lub -e	
Dziś jest **zimny** dzień.	zimno	Przykład: *Wczoraj było zimno.*
W tym sklepie są bardzo **drogie** rzeczy.		
Dzień był bardzo **słoneczny**.		
Wieczorem niebo było **pochmurne**.		
Maj w tym roku jest bardzo **ciepły**.		
Te buty są bardzo **tanie**.		
To, co pan mówi jest bardzo **interesujące**.		
Tatry **Wysokie** leżą na południu Polski.		
Ten **niski** mężczyzna to mój ojciec.		
Uwaga! **Zły** pies!		
Bardzo **dobra** kawa!		
Ten film był **świetny**.		

PRZYSŁÓWEK: jak?

-o lub -ie

Dziś jest zimny wiatr, ale świeci słońce.	Dziś jest **zimno**, ale **słonecznie**.
W tym sklepie są tanie produkty.	W tym sklepie jest **tanio**.
Ten samochód jedzie 120 km/godzinę.	Ten samochód jedzie **szybko**.

UWAGA! Przysłówek nie odmienia się!

lekcja 15

124

4c Proszę uzupełnić zdania odpowiednią formą przysłówka.

Przykład: Mówię ....*dobrze*...... po polsku. (dobry)

a) Wczoraj było .... (ciepły)
b) Mieszkam .... od centrum. (daleki)
c) Samoloty latają bardzo .... (wysoki)
d) Jak się masz? – ...., dziękuję. (świetny)
e) Jest ...., zaraz będzie padać. (pochmurny)

4d Proszę uzupełnić zdania odpowiednią formą przysłówka lub przymiotnika.

a) Ta kawa jest bardzo .... (dobry)
b) On zna .... język angielski. (dobry)
c) Czytałeś ostatnio .... książkę? (interesujący)
d) Proszę zamknąć okno! Za oknem jest autostrada i jest za .... (głośny)
e) Ale dziś jest ....! (gorący)
f) Ten mężczyzna jest bardzo .... (wysoki)
g) Ostatni test napisałam bardzo .... (zły)

● **Słownictwo**

5 Proszę odpowiedzieć na pytania.

– Które części ciała kobiety zwykle malują? ....
....

– Jakie mogą być oczy i jaki mogą mieć kolor? ....
....

– Jakie mogą być nogi? ....
....

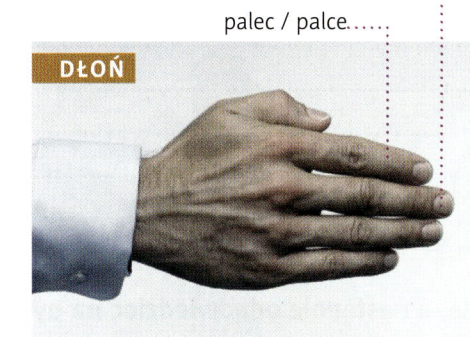

6 Proszę z kolegami / koleżankami porozmawiać na poniższe tematy:

– Jak wygląda piękna kobieta, a jak przystojny mężczyzna?
– Czy we wszystkich krajach ideał piękna jest taki sam? Jakie mogą być różnice?
– Co myślicie o operacjach plastycznych? Które części ciała są zwykle operowane?
– Dlaczego ludzie decydują się na operacje plastyczne? Kto się decyduje – kobiety, mężczyźni, starsi, młodzi?

• *Myślę, że...*
• *Moim zdaniem...*
• *Co o tym myślisz?*

CZĘŚCI CIAŁA

lekcja **15**

GŁOWA
brwi   nos   ucho / uszy
oko / oczy   ząb / zęby   usta

OKO
rzęsy

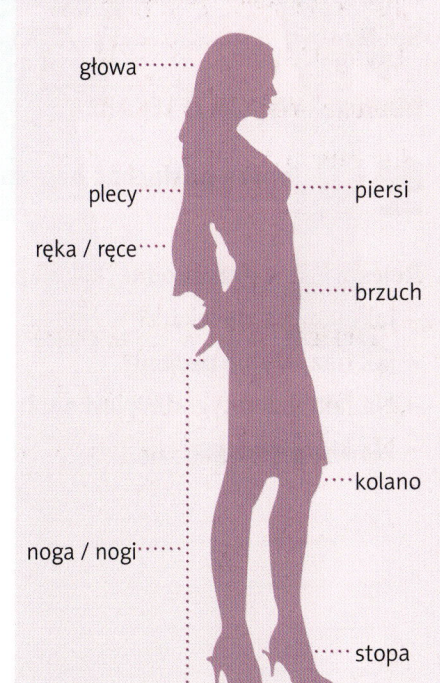

DŁOŃ
paznokieć / paznokcie
palec / palce

głowa
plecy   piersi
ręka / ręce
brzuch
kolano
noga / nogi
stopa

125

lekcja 15

9a Co robić, żeby nie chorować? Proszę z kolegami / koleżankami przygotować listę.

Przykład: ....*Można / trzeba pić mleko.*........   ....*Nie wolno tłusto jeść.*........
1. ....
2. ....
3. ....
4. ....

9b Proszę przeczytać list pani Gabrieli do redakcji jednego z kobiecych magazynów, a następnie poradzić jej, co powinna zrobić.

Szanowna Redakcjo,

mam problem z nadwagą. Od dziecka byłam za gruba. Moi rodzice zawsze mówili mi, że jeśli chcę być zdrowa, muszę dużo jeść. Wszyscy w rodzinie jedli dużo, więc ja także. W szkole miałam problemy na zajęciach z gimnastyki. Potem, gdy miałam 21 lat i spodziewałam się dziecka, jadłam jeszcze więcej. W rezultacie ważę 90 kg (mam 185 cm wzrostu). Obecnie nie pracuję, ponieważ wychowuję syna. Nie mam czasu na sport. Stosuję różne diety i palę papierosy, żeby schudnąć, ale bez rezultatu. Chciałabym być szczupła jak modelki w Waszym magazynie. Co robić?

Z poważaniem

Gabriela z Wrocławia

Odpowiedź redakcji – proszę wybrać, które rady są właściwe, a następnie dokończyć list redakcji do pani Gabrieli.

> Po pierwsze   Po drugie   musi Pani
> nie może Pani   ćwiczyć regularnie
> uprawiać sport   nie palić   nie stosować diety
> jeść większe porcje   nie jeść owoców i warzyw
> iść do lekarza specjalisty
> zapisać się na kurs języka polskiego

Szanowna Pani,

dziękujemy Pani za list. Mamy dla Pani następujące rady: ....

....
....
....

Z poważaniem
Redakcja

9c Proszę porozmawiać w grupie – czy Państwa zdaniem Gabriela żyje zdrowo? Jaki jest zdrowy styl życia?

9d Proszę z kolegą / koleżanką napisać krótki list do redakcji magazynu „Dobra Rada" – rubryka *Mam problem*. Druga grupa to redakcja, która następnie odpowiada na Państwa list.

10 Proszę przeczytać broszurę klubu fitness „Atleta" i zanotować informacje:

1. Adres – ....
2. Godziny otwarcia – ....
3. Ceny – ....
4. Rabaty, promocje – ....
5. Co oferuje klub? – ....
6. Jak tam dojechać? – ....

Klub fitness „Atleta"

ul. Zdrowa 15 (za hipermarketem „Mamona" skręcić w lewo)
Tel. 0-12 458-90-00

U nas stracisz kilogramy, zyskasz muskuły, odpoczniesz w saunie, opalisz się w solarium. Oferujemy profesjonalne zajęcia: step, aerobik, joga, capoeira. Siłownia – basen – sauna – masaż. Promocyjne ceny dla panów!

Ceny za godzinę zajęć: wejście jednorazowe 10 zł, karnet miesięczny (7.00 – 16.00) 60 zł, (16.00 – 23.00) 90 zł. Dla stałych klientów siłownia za darmo!

Basen: 12 zł za godzinę, 30% rabatu dla grup
Sauna (1 osoba) 10 zł. Masaż 20 min — 15 zł.

I Proszę przeczytać te teksty i dopasować je do fotografii.

a) Zimą w Polsce jest zwykle bardzo zimno i często pada śnieg. Wszyscy nosimy grube swetry, kurtki, czapki, ciepłe buty oraz oczywiście szaliki i rękawiczki. W weekendy jeździmy z całą rodziną lub znajomymi w góry na narty.

b) Jesienią, jeśli nie muszę, nie wychodzę z domu. Z moim reumatyzmem i przeziębieniami to niebezpieczne. Wieczorem zostaję w domu, piję gorącą herbatę z cytryną i miodem, czytam, dzwonię do znajomych albo chodzę do sąsiadki na partyjkę brydża.

c) W tym roku lato jest wyjątkowo gorące. Kto wie, może to rezultat dziury ozonowej? Ale ja się cieszę, bo wolę słoneczną pogodę. Niestety, nie mam urlopu w tym roku. Może pojadę na jeden lub dwa weekendy na żagle na Mazury.

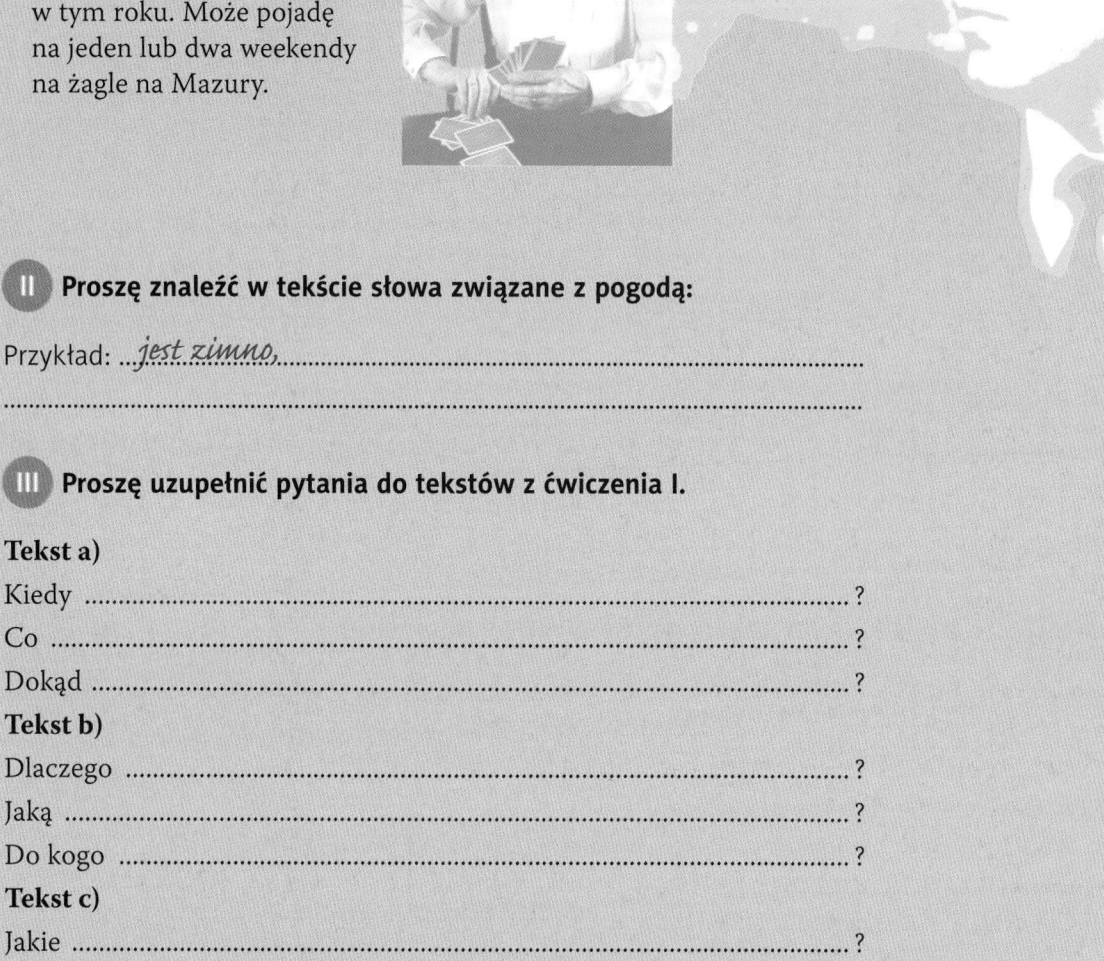

II Proszę znaleźć w tekście słowa związane z pogodą:

Przykład: *jest zimno,* ....
....

III Proszę uzupełnić pytania do tekstów z ćwiczenia I.

Tekst a)
Kiedy ....?
Co ....?
Dokąd ....?

Tekst b)
Dlaczego ....?
Jaką ....?
Do kogo ....?

Tekst c)
Jakie ....?
Czy ....?
Jak spędzi ....?

lekcja 15

Czy już to umiesz?

129

lekcja 16

Sytuacje komunikacyjne opisywanie przeszłości (proces, fakt)
Słownictwo biografia
Gramatyka i składnia czas przeszły (aspekt dokonany), powtórzenie czasu przeszłego (aspekt niedokonany)
Materiały autentyczne artykuł prasowy, notki biograficzne laureatów Paszportów „Polityki" 2002, audycja radiowa

Urodziłem się w Polsce.

Słownictwo

O nich SIĘ MÓWI

Mikołaj Brzęczuszczyński: najmłodszy w Polsce milioner, właściciel firmy cateringowej „Kanapkarnia" i sieci barów sałatkowych. Zatrudnia 250 osób. Mieszka w ogromnej rezydencji pod Warszawą razem z żoną Alicją i jej rodzicami. W wolnych chwilach występuje ze swoim zespołem „Brzęczyk" – gra na bębnach; dają tylko koncerty charytatywne.

1a Proszę przeczytać artykuł prasowy i dopasować zdania, które powiedział redaktor, do wypowiedzi pana Mikołaja.

> Moje plany...   Pierwsze pieniądze zarobiłem...
> Nie skończyłem.... ✓Urodziłem się...   Moja firma...
> W swoim życiu chciałbym zmienić...   Sukces to...

1 **Redakcja:** ......*Urodziłem się...*..........
   Mikołaj: w Polsce, ale kiedy miałem 10 lat, rodzice wyemigrowali do Stanów, a ja oczywiście z nimi. Mieszkaliśmy w Nowym Jorku, gdzie skończyłem szkołę podstawową, college, a następnie poszedłem na uniwersytet.
5 **R.:** ....
   M.: gdy miałem 15 lat. Marzyłem o gitarze elektrycznej, ale rodzice zdecydowali, że muszę sam na nią zarobić. Wymyśliłem, że będę robić zdrowe kanapki – tylko ciemny chleb, świeże lub grillowane warzywa, szynka... Sprzedawałem je w college'ach. Pomysł był tak dobry, że rok później otworzyłem bar sałatkowy.
10 I oczywiście kupiłem tę gitarę.
   R.: ....
   M.: studiów, niestety. Po pierwszym barze sałatkowym otworzyłem drugi, potem następne. A pięć lat temu zdecydowałem się spróbować swoich szans w Polsce. Tu jest tyle możliwości! Moja firma cateringowa rozwija się świetnie.
15 **R.:** ....
   M.: nie wszystko. Niedawno ożeniłem się i razem z żoną Alicją spodziewamy się dziecka. Rodzina jest teraz dla mnie najważniejsza.
   R.: ....
   M.: to przede wszystkim ludzie. Oczywiście zarządzanie, reklama, budżet również mają znaczenie, jednak pracownicy są podstawą.
   R.: ....
20 M.: w Stanach, kiedy byłem młodszy, czasem myślałem, że chciałbym zmienić swoje nazwisko. Nikt nie wiedział, jak poprawnie je napisać czy przeczytać. Na szczęście tutaj nie mam tego problemu.
   R.: ....
   M.: mam ambitny plan na szczęśliwe życie z moją rodziną. Chcielibyśmy z Alicją razem się zestarzeć.

1b Proszę przeczytać artykuł jeszcze raz i wybrać prawdziwą informację.

Przykład: Mikołaj urodził się ~~w Stanach~~ / w Polsce.
1. Rodzice Mikołaja wyemigrowali, kiedy mieli 10 lat / kiedy miał 10 lat.
2. Mikołaj skończył szkołę podstawową w Nowym Jorku / w Warszawie.
3. Mikołaj zarobił pierwsze pieniądze 15 lat temu / kiedy miał 15 lat.
4. Mikołaj wymyślił, że będzie robić zdrowe kanapki / że sprzeda gitarę elektryczną.
5. Mikołaj otworzył bar sałatkowy, kiedy miał 16 lat / 15 lat.
6. Mikołaj ożenił się pięć lat temu / niedawno.
7. Alicja spodziewa się sukcesu / dziecka.
8. Dla Mikołaja w firmie najważniejsze są finanse / najważniejsi są pracownicy.
9. W Stanach / W Polsce wszyscy wiedzą, jak poprawnie przeczytać i napisać nazwisko Mikołaja.

Gramatyka

2a W artykule *O nich się mówi* proszę poszukać form czasu przeszłego (aspekt niedokonany).

mieć – ....
mieszkać – ....
marzyć – ....
sprzedawać – ....
być – ....
myśleć – ....
wiedzieć – ....

2b W artykule *O nich się mówi* proszę poszukać form czasu przeszłego (aspekt dokonany).

emigrować / **wyemigrować** – ....
kończyć / **skończyć** – ....
iść / **pójść** – ....
zarabiać / **zarobić** – ....
decydować / **zdecydować** – ...., ...
wymyślać / **wymyślić** – ....
otwierać / **otworzyć** – ....
kupować / **kupić** – ....
żenić się / **ożenić się** – ....

2c W artykule *O nich się mówi* proszę poszukać odpowiednich bezokoliczników do pary.

.... / zrobić
zarabiać / ....
próbować / ....
zmieniać / ....
pisać / ....
czytać / ....
starzeć się / ....

3 Proszę pracować z kolegą / koleżanką. Jak Państwo myślą, kiedy używamy aspektu niedokonanego, a kiedy dokonanego? Proszę zdecydować.

- Kiedy mówimy o tym, jak długo coś robiliśmy.
- Kiedy mówimy o tym, jak często, ile razy coś robiliśmy.
- Kiedy mówimy o tym, że zrobiliśmy coś do końca.
- Kiedy mówimy o tym, że zrobiliśmy coś jeden raz.

CZASY W JĘZYKU POLSKIM

czas przeszły (aspekt niedokonany)

Wczoraj uczyłem się 2 godziny.
Kiedy studiowałem, dużo się uczyłem.

- jak długo?
- jak często?
- ile razy?

czas przyszły (aspekt niedokonany)

Jutro będę się uczyć po południu.
Kiedy będę na kursie językowym, będę się dużo uczyć.

czas teraźniejszy (zawsze aspekt niedokonany)

Teraz uczę się polskiego.
Lubię uczyć się polskiego.

czas przeszły (aspekt dokonany)

Wczoraj nauczyłem się 5 nowych słów.

- jeden raz
- do końca

czas przyszły (aspekt dokonany)

Jutro nauczę się 8 nowych słów.

UWAGA! Od czasowników niedokonanych tworzymy czas przeszły, czas teraźniejszy i czas przyszły. Od czasowników dokonanych tworzymy tylko czas przeszły lub przyszły.

4 Proszę podkreślić właściwą odpowiedź i uzasadnić swój wybór.

Przykład: W zeszłym tygodniu często <u>pisaliśmy</u> / napisaliśmy maile.
1. Wczoraj Marek dwie godziny czytał / przeczytał książkę.
2. We wtorek Tomek dzwonił / zadzwonił do Marty. (jeden raz)
3. Czytałam gazetę i nagle dzwonił / zadzwonił telefon.
4. Nareszcie pisałeś / napisałeś do mnie list!
5. Jak często kupowałaś / kupiłaś w zeszłym roku drogie kompakty?
6. Nareszcie do mnie dzwoniłaś / zadzwoniłaś!
7. Jechaliśmy samochodem i nagle kończyła się / skończyła się nam benzyna.
8. Wczoraj pisaliśmy / napisaliśmy test przez dwie godziny.
9. W zeszłym tygodniu Marek żenił się / ożenił się z Krystyną.

lekcja 16

5 Proszę pracować w grupie. Czy pamięta Pan / Pani polecenia do ćwiczeń z tego podręcznika? Obok czasowników niedokonanych proszę napisać czasowniki dokonane.

czytać – *przeczytać*
Proszę przeczytać tekst.
pisać – ....
mówić – ....
pytać – ....
słuchać – ....
rozmawiać – ....
używać – ....
sprawdzać – ....
powtarzać – ....
uzupełniać – ....
wybierać – ....
szukać – ....

Ortografia

6 Proszę wpisać czasowniki niedokonane.

niedokonany	dokonany
czytać	przeczytać
....	poczekać
....	pomyśleć
....	pojechać
....	pójść
....	wypić
....	skończyć
....	odpowiedzieć
....	kupić
....	dostać
....	wstać
....	dać
....	ubrać się

7 Proszę pracować w grupie. Jakie mają Państwo pomysły na uczenie się par czasowników niedokonany / dokonany? Jak można pogrupować te pary?

Wymowa

8 Proszę zadać poniższe pytania koledze / koleżance. Proszę zanotować odpowiedzi i przeczytać je na głos.

Ile książek przeczytałaś w zeszłym roku?   W zeszłym roku przeczytałam 15 książek.
W zeszłym roku nie przeczytałam żadnej książki.

Pytania do wyboru:
Ile .... w zeszłym roku:
• przeczytał/a książek – ....
• napisał/a listów / maili / pocztówek / wierszy – ....
• zdał/a egzaminów – ....
• napisał/a zadań domowych – ....
• poznał/a nowych słów – ....
• zwiedził/a miast – ....
• obejrzał/a filmów – ....
• kupił/a kompaktów – ....
• znalazł/a pieniędzy na ulicy – ....
• zjadł/a pysznych obiadów – ....
• dał/a prezentów – ....
• dostał/a prezentów – ....
• ....

kilka
kilkanaście **+ dopełniacz**
kilkadziesiąt **l. mn.**
kilkaset

9 Proszę odpowiedzieć na pytania.

Jak długo wczoraj...?	**O której godzinie wczoraj...?**
brał Pan / brała Pani prysznic	wziął Pan / wzięła Pani prysznic
jadł Pan / jadła Pani śniadanie	zjadł Pan / zjadła Pani śniadanie
pił Pan / piła Pani kawę/herbatę	wypił Pan / wypiła Pani kawę/herbatę
mył Pan / myła Pani zęby	umył Pan / umyła Pani zęby
jechał Pan / jechała Pani do pracy	pojechał Pan / pojechała Pani do pracy
szedł Pan / szła Pani do pracy	poszedł Pan / poszła Pani do pracy
robił Pan / robiła Pani zakupy	zrobił Pan / zrobiła Pani zakupy
pisał Pan / pisała Pani zadanie z polskiego	napisał Pan / napisała Pani zadanie z polskiego

10a Proszę posłuchać pierwszego fragmentu informacji radiowej* i znaleźć nieprawdziwe informacje.

10b Proszę posłuchać nagrania jeszcze raz i podać prawdziwe informacje.

Od roku 1992 tygodnik POLITYKA szuka młodych interesujących artystów i przyznaje im swoje nagrody Paszporty „Polityki". W roku 2002 Paszporty „Polityki" otrzymali między innymi: Dorota Masłowska, nagroda za film *Wojna polsko-ruska pod flagą biało-czerwoną*, Piotr Trzaskalski za płytę *Edi*, Anna Maria Jopek za inscenizację teatralną *Upojenie* i niezwykły talent wokalny, Marcin Maciejowski za swoją powieść, Krzysztof Warlikowski za płytę oraz Dominik Połoński za artystyczny styl i konsekwentne rozwijanie osobowości artystycznej.

11a Proszę posłuchać drugiego fragmentu informacji radiowej* i uzupełnić tekst.

Oto kilka informacji na temat laureatów Paszportów „Polityki" 2002:

Dorota Masłowska, studiuje ......*psychologię*...... w Gdańsku. .... już dwie inne nagrody – miesięcznika „Twój Styl", a także w konkursie Złote Pióro Sopotu. Jej powieść .... do końca roku 2001 w nakładzie 40 tys. egzemplarzy.

Piotr Trzaskalski, ... w Łodzi, ... kulturoznawstwo na Uniwersytecie Łódzkim. Pracował w telewizji. Zrealizował kilka spektakli w Teatrze Telewizji. W zeszłym roku .... filmem *Edi*, do którego .... scenariusz razem z kolegą. Film otrzymał nagrody na wszystkich krajowych festiwalach filmowych.

Anna Maria Jopek, absolwentka Akademii Muzycznej w klasie fortepianu. .... także filozofię na Uniwersytecie Warszawskim. .... osiem płyt. Najnowszą płytę .... razem z amerykańskim gitarzystą Patem Methenym.

Marcin Maciejowski, ... Technikum Budowlane w Krzeszowicach, studiował Architekturę w Krakowie, ale po III roku .... studia i w roku 2001 .... Grafikę w krakowskiej ASP.

*Na podstawie *Zwycięzcy 2002*, „Polityka" 2003, nr 2

11b Proszę napisać 8 pytań do tekstu *Paszporty „Polityki" 2002* z ćwiczenia 10b i 11a.

1. ....
2. ....
3. ....
4. ....
5. ....
6. ....
7. ....
8. ....

lekcja **16**

Proszę uzupełnić notki biograficzne dwóch pozostałych laureatów Paszportów „Polityki" 2002*.

*wyreżyserował   był   studiował   jest   skończył
reżyseruje   realizował   urodził   wygrał   skończył*

1 **Krzysztof Warlikowski** – .... historię, filozofię i filologię romańską na Uniwersytecie Jagiellońskim, historię teatru greckiego w Ecole Pratique des Hautes
5 Etudes en Sorbonne w Paryżu. .... też Wydział Reżyserii Dramatu Państwowej Wyższej Szkoły Teatralnej w Krakowie. .... w kraju i za granicą zarówno klasykę, jak i dramaty współczesne.
10 W zeszłym roku .... (w koprodukcji czterech teatrów) *Oczyszczonych* Sarah Kane. .... wiele dramatów Szekspira, m.in. *Hamleta* w Tel Awiwie, *Wieczór Trzech Króli* w Stuttgarcie,
15 *Poskromienie złośnicy* w Warszawie.

Dominik Połoński – wiolonczelista, jeden z najlepszych polskich muzyków młodej generacji. .... się w Krakowie. .... studia w łódzkiej Akademii
20 Muzycznej. .... trzy lata na stypendium w Escuela Superior de Musica Reina Sofia w Madrycie. .... kilka konkursów, m.in. Yamaha Music Foundation of Europe, Międzynarodowy Konkurs
25 Indywidualności Muzycznych, New Talent International. .... asystentem w Akademii Muzycznej w Łodzi.

*Na podstawie *Zwycięzcy 2002*, „Polityka" 2003 nr 2

Czy już to umiesz?

lekcja 17

Sytuacje komunikacyjne rozmowy na tematy sportowe, pytanie o informację – rozmowy telefoniczne
Słownictwo dyscypliny sportowe i sportowcy, czasowniki związane ze sportem
Gramatyka i składnia rzeczowniki odczasownikowe, wyrażenie *coś zajmuje mi...*
Materiały autentyczne ankieta *Ile czasu codziennie zajmuje ci...?*, ogłoszenia rubryki *Sport*, polscy sportowcy – Otylia Jędrzejczak, Adam Małysz

Sport to zdrowie?

Słownictwo

1a Czy zna Pan / Pani te dyscypliny sportowe?

boks   piłka nożna   tenis
koszykówka   narciarstwo   pływanie

1b Proszę porozmawiać z kolegą / koleżanką.

a) Czy lubisz uprawiać sport i/lub oglądać go w telewizji?
b) Jaką dyscyplinę sportową lubisz najbardziej?
c) Jeśli nie lubisz sportu – dlaczego?
d) Kto jest najbardziej znanym sportowcem w twoim kraju?
e) Czy szachy to także sport? Czy szachista musi być wysportowany?
f) Czy łowienie ryb to sport? Jakie mięśnie ćwiczy wędkarz?
g) Czy są „męskie" i „kobiece" dyscypliny sportowe?
h) Jakie sporty nazywamy zimowymi, jakie letnimi, jakie wodnymi?

1c Proszę uzupełnić tabelę.

Dyscyplina sportowa	Zawodnik	Zawodniczka	Co robi?
piłka nożna		—	
	koszykarz		
	siatkarz		gra w siatkówkę
		pływaczka	
	tenisista		
		narciarka	
biegi			
	szachista		
snowboard			

2a Czy rozumie Pan / Pani słowa w poniższej ramce? Jeśli nie, proszę zapytać kolegów lub użyć słownika.

korupcja   silna wola   rywalizacja   samodyscyplina
doping   koncentracja   wytrzymałość   praca w grupie

2b Proszę odpowiedzieć na pytania, używając słów z tabeli.

a) Czego uczy sport? ....

b) Jakie są negatywne tendencje w sporcie? ....

3 Jaka to dyscyplina sportowa? Proszę szybko przeczytać fragmenty tekstów, a następnie dopasować do nich nazwy dyscyplin.

tenis   piłka nożna   narciarstwo
pływanie   koszykówka

a) ....

Jest to bardzo popularna dyscyplina sportowa. Lubią grać w nią też dzieci, szczególnie chłopcy. Dwie drużyny (grupy) po 11 osób grają przez 90 minut, z jedną przerwą. Wygrywa ta drużyna, która strzeli więcej goli. Podczas gry można używać nóg, nie można rąk. Do tej gry potrzebna jest piłka.

d) ....

Ta gra jest szczególnie popularna w Stanach Zjednoczonych (USA). Są dwie drużyny po 5 osób. Zwykle w tę grę grają bardzo wysocy ludzie. Tutaj też potrzebna jest piłka; zwykle jest pomarańczowa. Wygrywa ta drużyna, która więcej razy wrzuci piłkę do kosza. W USA bardzo popularni są gracze ligi NBA.

b) ....

W tej dyscyplinie sportowej są różne style: kraul, delfin, żabka. Tu mogą też być drużyny, ale można również startować indywidualnie. Ważne jest, kto będzie pierwszy. Ten sport nie jest możliwy bez wody.

c) ....

W tę grę grają dwie lub cztery osoby, używając rakiet i małych piłek. Ta dyscyplina sportowa kiedyś była droga i ekskluzywna. Teraz rakiety są tańsze i jest wiele nowych, tanich kortów.

e) ....

W tej dyscyplinie sportowej są różne konkurencje: można jeździć, biegać, skakać i zjeżdżać slalomem. Bardzo ważna jest pogoda: śnieg, wiatr i temperatura.

lekcja 17

● Słownictwo

8a O jakich miejscach jest mowa w poniższych tekstach? Proszę dopasować nazwy miejsc do fragmentów tekstów.

> stadion   siłownia   park wodny
> centrum SPA   sklep sportowy   lodowisko

a
Najtańsze narty w Warszawie!
50% zniżki na kombinezony narciarskie!

b 
Wstęp 7 zł / godzinę
wypożyczenie łyżew 4 zł.

c 
Jesteś zmęczona? Nie masz urlopu? Potrzebujesz relaksu i odnowy?

Możesz przyjechać do nas – już po jednym weekendzie poczujesz się jak nowo narodzona!

d
Odwiedziło nas już 15 tysięcy klientów! W tym roku organizujemy wielki bal sylwestrowy w kostiumach kąpielowych – oferujemy cztery baseny, jaccuzi, trampoliny do 15 metrów.
Zapraszamy 31 XII o 20.00. Liczba miejsc ograniczona!

e
20 tysięcy kibiców oglądało dzisiejszy mecz.

f 
NASI WYKWALIFIKOWANI INSTRUKTORZY ZAPLANUJĄ Z PAŃSTWEM INDYWIDUALNY PROGRAM ĆWICZEŃ, ODPOWIEDNI DO PAŃSTWA KONDYCJI I WIEKU.

8b Proszę porównać swoje odpowiedzi z odpowiedziami kolegi / koleżanki; jeśli są różne, proszę je uzasadnić.

9a Proszę szybko przeczytać poniższy artykuł, a następnie odpowiedzieć na pytania.

a) Jaką dyscyplinę sportu uprawia Otylia?
b) Na jakim dystansie startowała?
c) Które miejsce i jaki tytuł zdobyła?
d) Ile centymetrów wzrostu ma Otylia?

lekcja 17

Otylia Jędrzejczak mistrzynią świata!

1 Po dramatycznym wyścigu na 200 m motylkiem Otylia Jędrzejczak wysunęła się na pierwsze miejsce. Jak mówił jej trener przed startem, ostatnie 15 m może być decydujące. I było. Otylia zdobyła złoty medal! – Jeszcze nigdy w życiu
5 tak się nie zmęczyłam – powiedziała na mecie nowa rekordzistka świata i mistrzyni Europy.

Wcześniej polski pływak tylko raz zdobył tytuł mistrza świata – w 1994 roku Rafał Szukała wygrał wyścig na 100 m stylem motylkowym.

10 Otylia dopiero na końcu wykorzystała swoje fantastyczne warunki fizyczne (186 cm wzrostu), płynąc spokojnie, mocno i szybko. Jej rywalki popłynęły bardzo szybko na początku wyścigu, ale pod koniec już nie miały sił.

Nie wszystkie zawodniczki brały udział w zawodach: nie
15 wiadomo dlaczego Ukrainka Jana Kłoczkowa zrezygnowała ze startu, a świetna pływaczka i konkurentka Otylii, Nathalie Coughlin zachorowała.

– Nigdy tak bardzo się jeszcze nie zmęczyłam – stwierdziła Polka dobrą angielszczyzną na konferencji prasowej.

Na podstawie: R. Leniarski, www.gazeta.pl, 24-07-2003

9b Proszę jeszcze raz dokładnie przeczytać tekst, a następnie odpowiedzieć na pytania.

a) Czy trudno było wygrać?
....
b) Która część zawodów była decydująca?
....
c) Jaki medal zdobyła Otylia?
....
d) Kto z Polaków przed Otylią był mistrzem świata?
....
e) Które zawodniczki nie startowały i dlaczego?
....
f) Czy Otylia mówi po angielsku?
....

10 Proszę posłuchać rozmowy telefonicznej *Na pływalni*, a następnie odpowiedzieć, czy to prawda (P) czy nieprawda (N). Proszę przeczytać na głos poprawne odpowiedzi.

a) Są organizowane kursy dla dzieci i dorosłych. (P)/ N
b) Zajęcia są raz w tygodniu, w niedzielę. P / N
c) Kurs trwa 40 godzin i kosztuje 90 zł. P / N
d) Nowy kurs zaczyna się we wtorek. P / N
e) Krystyna podaje telefon komórkowy. P / N
f) Może zapłacić po pierwszych zajęciach. P / N

11a Proszę przeczytać poniższe ogłoszenia. Dzwoni Pan / Pani do jednego z tych miejsc. O co może Pan / Pani zapytać? Proszę z kolegą / koleżanką ułożyć listę pytań.

Fundacja Podnoszenia
Stanu Zdrowia Studentów
**KRYTE i OTWARTE KORTY TENISOWE
SQUASH**
Możliwość wypożyczenia sprzętu
Al. Rakietkowa 37, tel. 0-12 446-90-46
Zniżki dla studentów

Międzyszkolny Basen Pływacki
Kursy pływania dla początkujących
Kursy dla niemowląt
Aquarobik
Doświadczeni instruktorzy
Grochowska 20
tel. 022 411 92 95
siedem dni w tygodniu

Dżokej
Stadnina koni
Ośrodek Jazdy Konnej
Zajęcia dla dzieci
ul. Hippika 88,
tel. 0602-090-176

WYSOKOGÓRSKI KLUB SPORTOWY
Kursy wspinaczkowe, wycieczki w góry
z przewodnikiem
pl. Stromy 34, pon. – pt. 10 – 20
Zapraszamy także osoby starsze i dzieci

Doping CENTRUM SPORTU
Sklep firmowy, serwis
i wypożyczalnia narciarska
**NARTY, ŻEGLARSTWO, WINDSURFING, ALPINIZM,
BILARD, FITNESS, TURYSTYKA, ODZIEŻ SPORTOWA**
ul. Sportowa 15,
czynne 10 – 18, sob. 10 – 15

11b Przeczytał Pan / przeczytała Pani jeden z anonsów i dzwoni z pytaniem o informację. Proszę z kolegą / koleżanką przygotować dialog, a następnie przedstawić go na forum grupy.

Wyrażenia:
- *Chciałbym się dowiedzieć, …*
- *Chciałbym zapytać, …*
- *Proszę mi powiedzieć, …*
- *Czy może mi pan / pani powiedzieć, …*
- *czy… / ile… / kiedy… / jaki… / jak długo…*
- *od kiedy / do kiedy*

12 Proszę posłuchać wiadomości sportowych, a następnie zaznaczyć, o których drużynach jest mowa.

☐ Górnik Zabrze ☐ Sparta Praga ☐ Wisła Kraków ☐ Ruch Chorzów
☐ Bayern Monachium ☐ Legia Warszawa ☐ AS Roma ☐ Manchester United

I Czy słyszał Pan / słyszała Pani o Adamie Małyszu? Kim jest? Jakie tytuły sportowe zdobył? Jakich miał rywali? Proszę w grupie zebrać informacje na jego temat.

II Proszę przeczytać tekst o Adamie Małyszu, a następnie krótko napisać w punktach, co zapamiętał Pan / zapamiętała Pani z tekstu (nie wolno wracać do tekstu).

lekcja 17

Adam Małysz – skoczek narciarski, mistrz świata, najbardziej znany polski sportowiec ostatnich lat. Od końca 2000 r. o Małyszu było bardzo głośno. Był najlepszym zawodnikiem Pucharu Świata (zwycięstwo w generalnej klasyfikacji w 2001 r., 2002 r., 2003 r.). Podwójny Mistrz Świata z Val di Fiemme w 2003 roku; srebrny i brązowy medal na Olimpiadzie w Salt Lake City w 2002 r.; złoty i srebrny medal na Mistrzostwach Świata w Lahti w 2001 r.

Na podstawie: www.skoki.org

Gwiazda Adama Małysza

1 W Wiśle – rodzinnym mieście Adama Małysza – o sukcesach i porażkach Adama mówi się w sklepach, na targu, w szkole i w salonie gier.

Sukcesy skoczka wpłynęły na sprzedaż gazet w Wiśle. – Panie! Gazet dawno już nie ma. Wszystko kupili – mówiła w południe Krystyna Wrzecionko, sprzedawczyni
5 w kiosku w centrum Wisły.

– Jak podziękujemy Adamowi? – myśli burmistrz Wisły Jan Poloczek. – Myślę, że dla niego największą nagrodą może być modernizacja skoczni w Malince. Adam chciałby w Wiśle wystartować w zawodach o Puchar Świata.

Wczoraj fani spotkali się z Adamem Małyszem i jego trenerem Apoloniuszem
10 Tajnerem w Wiślańskim Centrum Kultury i Informacji. Grała dla nich kapela góralska „Grónie", która specjalnie dla Adama skomponowała piosenkę „Orli loty".

Adam odpowiadał na pytania dziennikarzy. Zapytaliśmy o bułkę z bananem, którą Małysz jadł przed konkursami w Alpach. – Po zawodach w Innsbrucku ktoś mnie zapytał, dlaczego jestem taki blady. Odpowiedziałem, że przed skokami jadłem
15 tylko bułkę z bananem. Na następnych zawodach w Bischofshofen w żadnym sklepie nie było bananów. Ludzie wszystkie kupili – opowiadał Małysz.

– Małysz w niedzielę aż do 23.00 dawał wywiady, a w nocy w ogóle nie spał. Teraz potrzebuje spokoju. Zresztą od wtorku rozpoczynamy normalne treningi, a dzień później wyjeżdżamy na kolejne zawody o Puchar Świata do czeskiego Harrachowa
20 – powiedział „Gazecie" trener Tajner.

Na podstawie: M. Zichlarz *Małyszomania*, www.gazeta.pl, 05-08-2002

1. ....
2. ....
3. ....
4. ....
5. ....

III Proszę porozmawiać z kolegami / koleżankami: co zrobić, aby odnieść sukces w sporcie? Czy talent jest gwarancją sukcesu?

141

8a Proszę przeczytać podanie o przyznanie stypendium i odpowiedzieć na pytania.

Co studiuje Damian?, Na którym roku studiów jest Damian?, Na jak długo chce przyjechać do Polski?, Dlaczego chce przyjechać do Polski?, Co chce robić w przyszłości?

Jena, 10 września 2006

Damian Grop
Warschauerstraße 76
45 765 Jena
Niemcy

Fundacja Współpracy
Międzynarodowej
al. Józefa Piłsudskiego 12
00-230 Warszawa

Szanowni Państwo,

zwracam się z uprzejmą prośbą o przyznanie mi stypendium naukowego. Jestem studentem trzeciego roku kulturoznawstwa ze specjalnością kultura europejska. W przyszłym roku chciałbym przyjechać na jeden semestr do Polski, żeby lepiej poznać język i kulturę polską. Uczę się języka polskiego od pół roku, ale wiem, że będę mógł lepiej poznać język, kraj i ludzi, kiedy będę mieszkać w Polsce. W przyszłości chciałbym zajmować się koordynowaniem projektów związanych z integracją i kulturą polską. Dlatego możliwość nauki języka polskiego, a także w przyszłości studiowania w Polsce, jest dla mnie bardzo ważna.

Z wyrazami szacunku
Damian Grop

Załączniki:
1. CV
2. List polecający od profesora
3. Zaświadczenie znajomości języka polskiego

8b Na podstawie ćwiczenia 8a proszę napisać podanie o przyznanie stypendium w Polsce.

Do wyboru: stypendium językowe, stypendium naukowe, stypendium artystyczne.

Gramatyka — CZASOWNIK

9 Proszę napisać, z którym przypadkiem łączą się te czasowniki, a także utworzyć z nimi zdania zgodnie z podanym przykładem.

REKCJA CZASOWNIKA

Przykład: *uczyć się, nauczyć się* + _dopełniacz_ ... _Uczymy się polskiego na kursie językowym._
studiować + ...
interesować się + ...
znać + ...
pamiętać + ...
analizować, przeanalizować + ...
poznawać, poznać + ...
zajmować się, zająć się + ...
zapamiętywać, zapamiętać + ...
zapominać, zapomnieć + ...
powtarzać, powtórzyć + ...
wybierać, wybrać + ...
planować, zaplanować + ...
uczyć się, nauczyć się do + ...
chodzić na + ...
mieć pamięć do + ...
zapisywać się, zapisać się na + ...
zwracać się, zwrócić się z + ...
rozmawiać, porozmawiać o + ...

10 Proszę napisać pytania do poniższych zdań.

0. Karolina studiuje kulturoznawstwo. *Co studiuje Karolina?*
1. Ona jest na czwartym roku. ....
2. Ona uczy się czeskiego. ....
3. Chodzi na kurs języka czeskiego. ....
4. Ona zapisała się na kurs czeskiego. ....
5. Karolina zna dobrze literaturę czeską. ....
6. Ona zna też kilku Czechów. ....
7. Ona interesuje się kulturą czeską. ....
8. Ona nie ma pamięci do nazwisk. ....
9. Ona lubi rozmawiać o czeskich filmach. ....

lekcja 18

Rozwiązanie do ćwiczenia ze str. 142
Zapominamy:
po godzinie – 50% informacji,
po ośmiu godzinach – 20% pozostałych informacji,
po jednym dniu – 87% informacji.

Proszę posłuchać i zaznaczyć:
Jak dobrze zna Pan / Pani język polski i jakiś inny język obcy?

Ocena własnych umiejętności*

czytanie
rozumiem:
- proste zdania na tablicach informacyjnych
- krótkie i proste teksty: jadłospis, reklamę, ogłoszenie, pocztówkę
- artykuły prasowe na tematy, które mnie interesują
- artykuły prasowe na każdy temat
- instrukcje obsługi
- książki
- poezję

słuchanie
rozumiem:
- kiedy ludzie mówią wolno i powtarzają informacje
- kiedy ludzie mówią na temat rodziny, zakupów, podróży, przeszłości i planów
- kiedy ludzie mówią szybko na tematy, które mnie interesują
- prognozę pogody
- audycje radiowe i wiadomości w telewizji
- piosenki
- wykłady

mówienie
umiem:
- mówić o sobie, o mojej rodzinie, o tym, co lubię robić i gdzie mieszkam
- zadawać pytania
- rozmawiać w sytuacjach podróży, np. robić zakupy, rezerwować pokój w hotelu, kupować bilet do kina, na pociąg
- dyskutować na tematy, które mnie interesują
- dyskutować na każdy temat
- precyzyjnie mówić o tym, co myślę

pisanie
umiem:
- pisać pozdrowienia z urlopu
- wypełniać formularze
- robić listę zakupów
- pisać krótkie teksty z moją opinią na tematy, które mnie interesują
- pisać teksty z moją opinią na każdy temat
- pisać listy oficjalne
- pisać eseje na tematy specjalistyczne lub literackie

Czy już to umiesz?

* Na podstawie: *Europejski system opisu kształcenia językowego: uczenie się, nauczanie, ocenianie*, Council of Europe, tłum. dr W. Martyniuk, CODN, Warszawa 2003, s. 200 – 203

lekcja 19

Sytuacje komunikacyjne rozmowy na temat tradycji wielkanocnych w Polsce i tradycji w innych krajach, składanie życzeń oficjalnych i nieoficjalnych

Słownictwo nazwy świąt oraz słownictwo związane ze świętami Wielkanocy i Bożego Narodzenia, frazy związane ze składaniem życzeń

Gramatyka i składnia wyrażenie *życzę ci...*

Materiały autentyczne tradycje polskie związane ze świętami, piosenka *Sto lat*, artykuł *100 powodów, dla których warto żyć w Polsce*

Wszystkiego najlepszego!

Słownictwo

1a Jakie znają Państwo polskie święta i tradycje? Proszę porozmawiać z kolegami / koleżankami i zebrać informacje na ten temat.

OBCHODZIMY ŚWIĘTA: WIELKANOC I BOŻE NARODZENIE

Ortografia

1b Proszę pogrupować poniższe słowa – do której sytuacji pasują?

przemówienie prezydenta

choinka

koszyk

defilada wojskowa

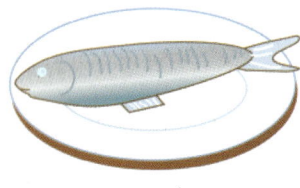

post

baranek

bombki

kolędnicy

opłatek

Wśród nocnej ciszy...

kolęda

Wigilia (24 grudnia) i Boże Narodzenie (25, 26 grudnia):	Wielkanoc (w marcu lub kwietniu):	Święto Niepodległości (11 listopada):
....	....	....
....	....	....
....	....	....
....	....	....
....	....	....
....	....	....
....	....	....

2a Proszę posłuchać fragmentu ankiety *Wielkanoc dzisiaj*, a następnie odpowiedzieć, o jakim dniu Wielkanocy mówią ankietowane osoby. Proszę uzasadnić swoją odpowiedź.

a) Maciek: .... c) Beata: ....
b) Kasia: .... d) Stanisław: ....

2b Proszę szybko przeczytać kompletne wyniki ankiety *Wielkanoc dzisiaj*, a następnie odpowiedzieć, czy to prawda (P), czy nieprawda (N).

a) Wszystkie osoby lubią tradycje wielkanocne. P / N
b) Palmy wielkanocne mają znaczenie symboliczne. P / N
c) Podczas Wielkiego Tygodnia nie można jeść mięsa. P / N
d) W Wielką Niedzielę w rodzinie Beaty jest uroczysty obiad. P / N
e) Stanisław uważa, że teraz ludzie lepiej się bawią niż kiedyś. P / N

WIELKANOC DZISIAJ

Jakie tradycje wielkanocne nadal obchodzimy? Poprosiliśmy grupę Polaków, aby opowiedzieli krótko o Wielkanocy w swoich domach.

Maciek (23 l.):
– Dla mnie wielkanocny Wielki Tydzień zaczyna się od Niedzieli Palmowej, kiedy ludzie idą do kościoła z palmami. Moja babcia mówiła, że przez cały następny rok te palmy będą nas chronić od nieszczęścia i choroby.

Kasia (12 l.):
– Denerwują mnie te gruntowne porządki przez cały tydzień, pieczenie ciast i przygotowywanie góry jedzenia, którego nie można od razu zjeść, bo jest post. A w Wielką Sobotę rano najmłodsza osoba z rodziny, czyli ja, idzie do kościoła z koszykiem. Są w nim oczywiście jajka, chleb, kawałek mięsa i kiełbasy, sól, figurka baranka z cukru, plastiku albo z ciasta. Ksiądz w kościele święci to i po powrocie do domu już można wszystko jeść i to jest fajne.

Beata (35 l.):
– W swojej rodzinie obchodzę Wielkanoc tak samo, jak to robiła moja matka, kiedy ja byłam dzieckiem: w Wielką Niedzielę przed śniadaniem dzielimy się jajkiem i składamy sobie życzenia, a potem zasiadamy do stołu i jemy biały barszcz z jajkiem i kiełbasą. Moje dzieci czekają na ten dzień właśnie z powodu zupy na śniadanie.

Stanisław (68 l.):
– Dla młodszych pewnie śmigus-dyngus jest najważniejszy. Ale kiedyś to była pełna kultura. Nie to, co teraz. Za moich czasów, na wsi, kawalerowie oblewali panny wodą na szczęście i żeby szybko wyszły za mąż. Naturalnie, były mokre, ale to była zabawa. A teraz to tylko wandalizm – kto to widział, żeby młodzi ludzie biegali całymi grupami po ulicach, oblewali wszystkich i wszystko: starszych, dzieci, samochody, żeby wlewali wodę do tramwajów?!

2c Czy w Państwa krajach obchodzi się Wielkanoc? Jeśli tak, jakie są podobieństwa i różnice w porównaniu z Polską? Proszę porozmawiać z kolegami / koleżankami.

gwiazda
świeca
prezenty
pisanka
palma
wieńce na grobie Nieznanego Żołnierza

lekcja 19

147

Słownictwo

4f Kiedy można składać poniższe życzenia? Proszę to określić, a następnie porównać swoje odpowiedzi z odpowiedziami kolegi / koleżanki.

> Wielkanoc   Nowy Rok   ślub   Boże Narodzenie   urodziny

Życzę Ci / Wam

a) wielu prezentów pod choinką, spokoju i radości!
b) wielu sukcesów w życiu prywatnym i zawodowym, dużo pieniędzy, wygranej w toto-lotka, skończenia studiów, znalezienia dobrej pracy!
c) wesołego jajka, mokrego śmigusa-dyngusa!
d) wszystkiego dobrego na nowej drodze życia!
e) sto lat! Wszystkiego najlepszego!

4g Proszę złożyć oficjalne życzenia z okazji:

a) imienin pana profesora – ....
....
b) urodzin pani dyrektor – ....
....

Proszę odczytać je na głos.

4h Proszę złożyć życzenia tym osobom:

– chorej koleżance,
– sportowcowi, np. Adamowi Małyszowi,
– koledze, który wyjeżdża bardzo daleko,
– babci,
– koledze, który jutro zdaje egzamin.

5a Jakie inne ważne święta i tradycje są obchodzone w Państwa krajach? Proszę przygotować informacje o dwóch świętach / tradycjach, a następnie opowiedzieć o nich grupie.

....
....
....
....
....
....
....

5b Proszę porozmawiać z kolegami / koleżankami.

Jak można obchodzić Dzień Różowych Okularów?

Jakie nowe święta powinny być obchodzone? Proszę nazwać te święta i zrobić ich listę.

1. *Dzień Różowych Okularów*
2. ....
3. ....
4. ....
5. ....

Proszę opisać jedno z tych świąt.

a) Pora roku.
b) Czy to jest dzień wolny od pracy?
c) Kto, jakie grupy społeczne obchodzą to święto?
d) Jakie mogą być tradycje?

Co Pan / Pani wie o Polsce i Polakach? Proszę przeczytać fragmenty artykułu, a następnie dopasować tytuł do opisu.

✓ Gościnność   Język polski   Piękne dziewczyny   Bez dubbingu
Mazury   Kuchnia polska   Długie weekendy   Molo w Sopocie

ELLE 100% MADE IN POLAND.
100 powodów, dla których warto żyć w Polsce

Przykład: ......*Gościnność*..........

Mówią, że to typowa cecha Polaków. Serdeczna i dla wszystkich. W czasach recesji też jest silna.

a) ....

Jeden z najtrudniejszych na świecie. Według językoznawców jest na drugim miejscu, zaraz za chińskim.

b) ....

Tylko w Polsce możesz jeść dania, które odgrzewane są coraz lepsze (bigos), przez innych uznane za zepsute (kiszone ogórki) lub... niejadalne (buraki, kwaśne mleko).

c) ....

Tak długie, tylko w Polsce. Urlop w maju, czerwcu, listopadzie i grudniu. W niektórych latach można wziąć tylko 10 dni urlopu, żeby dostać aż miesiąc wakacji.

d) ....

W polskich kinach prawie tego nie ma, tylko napisy. Dzięki temu znamy głos Jacka Nicholsona czy Gwyneth Paltrow.

e) ....

Nigdzie na świecie nie widać ich aż tyle na ulicach – powiedzieli niedawno Adrien Brody i Bob Geldof. (...) Coś w tym jest.

f) ....

Najdłuższe w Europie (512 m). Można siedzieć bez końca na jednej z białych ławek.

g) ....

(...) Choć w sezonie wydaje się, że co drugi Polak spędza tu wakacje, żeglując na czym się da, są tu jeszcze dzikie miejsca!

Na podstawie: *ELLE 100% MADE IN POLAND. 100 powodów, dla których warto żyć w Polsce*, „Elle" 2003, nr 1

lekcja 20

Sytuacje komunikacyjne oficjalne przemówienie, porównywanie firm, prośba o pomoc w sytuacjach biurowych

Słownictwo związane z organizacją przedsiębiorstwa, pracą biurową oraz komputerami

Gramatyka i składnia powtórzenie odmiany słów obcych w jęz. polskim

Materiały autentyczne artykuł *Mała płotka czy duży rekin?*, *Przedstaw się z klasą*, quiz *Czy jesteś gotowy, aby mieć własną firmę?*

To jest moja wizytówka.

Przykład: Lubię być szefem

1a Proszę narysować swoją „psychologiczną" wizytówkę, to znaczy wizytówkę, na której będą najlepiej charakteryzujące Pana / Panią symbole.

Następnie proszę zebrać te wizytówki z całej grupy, pomieszać i odgadnąć ich autorów. Proszę wyjaśnić grupie, dlaczego narysował Pan / narysowała Pani takie symbole?

Przykład: Narysowałam szefa, bo lubię sama decydować o wszystkim.

1b Proszę napisać po polsku treść swojej wizytówki – firmowej lub prywatnej. Proszę przekazać tę wizytówkę koledze / koleżance.

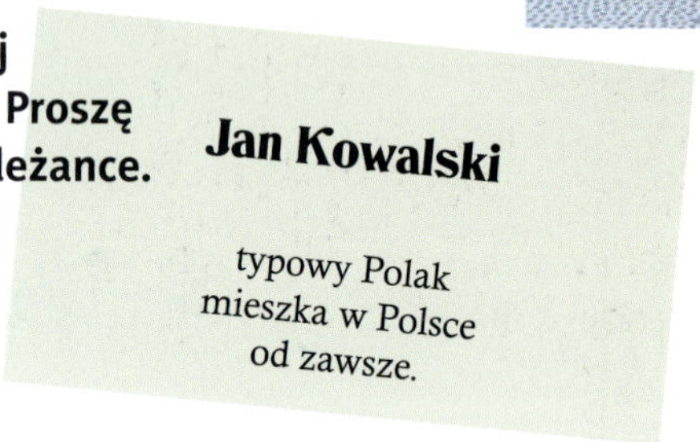

Jan Kowalski

typowy Polak
mieszka w Polsce
od zawsze.

Słownictwo

Ortografia

2a Czy wie Pan / Pani, co to jest? Proszę podpisać przedmioty znajdujące się na ilustracji.

spinacz   faks   segregator
ksero   komórka   mysz
monitor   klawiatura
✓dyskietka   płyta CD
skaner   drukarka   modem

2b Proszę uzupełnić tabelę według przykładu.

Przykład: nagrywać	*dyskietka*
dzwonić	
spinać	
	faks
drukować	
	skaner
łączyć się z Internetem	
pisać	

152

2c Proszę zapytać kolegę / koleżankę.

– Których z przedmiotów z ćwiczenia 2a używa na co dzień? Gdzie?
– Jakie inne rzeczy są mu / jej potrzebne w pracy?
– W jakiej firmie pracuje lub chciałby / chciałaby pracować?
– Jakie zajmuje stanowisko w firmie?
– Czy jest właścicielem firmy? Jaka to firma?
– Ile zarabia miesięcznie, jeśli to nie tajemnica?

Proszę na forum grupy przedstawić zebrane informacje.

3a Proszę przeczytać poniższy tekst, a następnie powiedzieć, jakie są różnice między tymi firmami.

MAŁA PŁOTKA CZY DUŻY REKIN?
Przedsiębiorstwa dzisiaj

1.

Jan Zimny: prowadzę małą, rodzinną fabrykę lodów. Produkujemy już od ponad 50 lat – założycielem był mój dziadek, potem pracował tu mój ojciec, a teraz pracuję ja wraz z córkami. Klientami są głównie lokalne sklepy, ale też mamy własną lodziarnię w dobrym punkcie miasta. Mamy bardzo stare receptury produkcji, jeszcze mojego dziadka, oraz tradycyjną technologię. Tradycja to nasz atut przeciw konkurencji. A konkurencja jest coraz większa. Szczególnie ekspansywne są duże zagraniczne firmy. Dlatego planujemy rozszerzyć ofertę i sprzedawać też ciastka.

2.

Mariusz Twardowski: jestem prezesem jednej z firm z zagranicznym kapitałem. Nasza produkcja to przede wszystkim nowoczesne maszyny rolnicze. Ponad 50% naszej produkcji eksportujemy do wielu krajów w Europie i na świecie. Dużo inwestujemy w nowe technologie, ale też ważni są ludzie – nasi bardzo dobrze wykwalifikowani pracownicy. Zatrudniamy około 5 tysięcy osób, także cudzoziemców – specjalistów z krajów Unii.

3b Co znaczą słowa z tekstu? Proszę wyjaśnić ich znaczenie, a następnie napisać zdania z tymi słowami.

a) założyciel: ....
b) konkurencja: ....
c) rozszerzyć: ....
d) kapitał zagraniczny: ....
e) nowoczesny: ....

3c Proszę porozmawiać z kolegą / koleżanką.

– Która z tych firm może mieć problemy? Jakie to problemy?
– Jaką konkurencję może mieć przedsiębiorstwo Twardowskiego?
– Jakie są mocne strony firmy Twardowskiego?

Proszę przedstawić Państwa opinie na forum grupy.

3d Proszę porozmawiać w grupie.

– Czy mała firma ma szanse na duży sukces?
– Jakie zalety (plusy) ma duża firma, a jakie mała?
– Jakie wady (minusy) ma duża firma, a jakie mała?
– Czy realny jest model kariery „od pucybuta do milionera"?
– Jaki zawód gwarantuje szybką karierę i duże pieniądze?

lekcja 20

153

4 Czy jest Pan gotowy / jest Pani gotowa, aby mieć własną firmę? Proszę rozwiązać poniższy quiz.

QUIZ: CZY JESTEŚ GOTOWY, ABY MIEĆ WŁASNĄ FIRMĘ?

tak nie

1. Czy mam dużą wiedzę o marketingu?
2. Czy zawsze czytam wszystkie dokumenty?
3. Czy lubię stać w kilometrowych kolejkach do różnych urzędów?
4. Czy wiem, jaka to będzie firma (budowlana, komputerowa...)?
5. Czy lubię pracować wieczorami i w weekendy?
6. Czy mój mąż jest tolerancyjny / moja żona jest tolerancyjna dla pracoholików?
7. Czy wiem, że mogę zbankrutować?
8. Czy mam już wizytówki?
9. Czy jestem despotą w pracy?
10. Czy mam konto bankowe?

Wyniki:
a) Więcej niż połowa odpowiedzi TAK: gratulacje! Są duże szanse, że Pana / Pani firma odniesie sukces.
b) Więcej niż połowa odpowiedzi NIE: może Pan / Pani zagrać w toto-lotka. Tam nie ma ryzyka bankructwa.

Słownictwo

Ortografia

5a Proszę pogrupować poniższe słowa. Jeśli słowa nie są znane, proszę sprawdzić ich znaczenie w słowniku.

koszty ✓ budynek budżet biznesplan strata zysk siedziba ✓ dyrektor wicedyrektor (zastępca dyrektora) asystentka filia przedsiębiorstwo robotnik sprzedawać menedżer kupować sekretarka dystrybucja ✓ pieniądze

Finanse	Firma	Pracownicy
pieniądze	budynek	dyrektor

5b Proszę posłuchać nagrania, a następnie uzupełnić brakujące informacje. Proszę przeczytać na głos uzupełniony tekst.

Spotkanie dyrektora i menedżerów firmy EDU:

Dzień dobry państwu, dzisiaj musimy przedyskutować .... na przyszły rok. Sytuacja z zeszłego roku nie może się powtórzyć – .... były duże. Jeśli tak samo będzie w tym roku, zbankrutujemy. To złe wiadomości. A teraz dobre informacje: otwieramy nowe kanały .... Nasze produkty będziemy .... w szkołach i na uniwersytetach. I od następnego tygodnia będzie z nami pracował nowy ...., pani Zyta Koczerska.

5c Proszę porozmawiać z kolegą / koleżanką: co sprzedaje firma EDU? Dlaczego rok temu miała problemy?

6b Jest Pan / Pani nowym dyrektorem Fabryki Lewych Butów. Ma Pan / Pani spotkanie z prezesem Business Centre Club. Proszę przygotować krótkie przemówienie.

6c Proszę wygłosić to przemówienie na forum grupy.

WYGŁASZAMY PRZEMÓWIENIE

6a Proszę przeczytać poniższe frazy i skreślić te, które <u>nie</u> pasują do oficjalnego spotkania z potencjalnym inwestorem.

Początek
- Szanowni Państwo, ~~Kamilu~~, Panie Premierze, Koleżanki i Koledzy!
- Witam Państwa na Wigilii / konferencji na temat... / spotkaniu z okazji...
- To ważny moment dla polskiej kultury / mojego psa / rozwoju stosunków między Polską i Francją.

Historia firmy
- Przedsiębiorstwo nasze powstało... lat temu.
- Wszyscy pracownicy byli bardzo leniwi.
- Nie zatrudnialiśmy dobrych pracowników.
- Dziś mamy filie w 30 miastach Polski.

Obecnie
- Obecnie produkujemy / bankrutujemy / eksportujemy...
- Jesteśmy jedną z najmniejszych firm na rynku polskim.
- Nasi pracownicy to nisko wykwalifikowani specjaliści.
- Jesteśmy dużo gorsi od konkurencji.
- Stosujemy najnowsze materiały.

Plany i perspektywy
- W tym roku nic nie planujemy...
- Chcielibyśmy eksportować mało produktów.

Zakończenie
- Mam nadzieję, że nasza współpraca będzie owocna.
- Dziękuję Państwu za uwagę.

lekcja 20

155

BUNT MASZYN – mamy problem z komputerem, drukarką, faksem

7a Proszę posłuchać dialogu, a następnie zaznaczyć, jakie problemy mają pracownicy firmy.

☐ Telefon jest zepsuty.
☐ Modem nie odpowiada.
☐ Kursor nie działa.
☐ Mysz nie działa.
☐ Klawiatura nie działa.
☐ Komputer się zawiesił.
☐ W faksie nie ma papieru.
☐ Nie mogę znaleźć pliku w komputerze.
☐ Drukarka nie chce drukować.
☐ Nie mogę zalogować się w Internecie.

7b Co się stało w tych sytuacjach? Proszę dopisać sytuację problemową.

Przykład: Zresetować komputer – *Komputer się zawiesił.*
a) Zatelefonować do serwisu kopiarek – ....
b) Sprawdzić, czy jest papier – ....
c) Zalogować się jeszcze raz – ....
d) Kliknąć myszką na „Plik > Otwórz" – ....
e) Jeszcze raz zadzwonić – ....
f) Pójść na lunch – ....
g) Zrezygnować z pracy – ....

7c Proszę z kolegą / koleżanką napisać, a następnie odegrać dialog w biurze, w którym nic nie działa.

7d Proszę z ćwiczenia 7a i 7b wypisać słowa, które pochodzą z języka angielskiego.

....
....

7e Jakie inne słowa pochodzące z innych języków Państwo znają? Proszę w grupach zrobić listę, a następnie między grupami porównać swoje odpowiedzi.

Przykład: *emailować*
....

7f Proszę przygotować dialog ze słowami z ćwiczenia 7e, a następnie odegrać go na forum grupy.

Proszę przeczytać tekst *Przedstaw się z klasą*, a następnie odpowiedzieć na pytania.

a) Gdzie lepiej nie organizować spotkania z partnerem w interesach?
b) Kto może jechać po gościa na lotnisko lub na dworzec?
c) Gdzie powitać gościa?
d) Kiedy można się spóźnić na spotkanie z gościem?

lekcja 20

Przedstaw się z klasą

Pierwsza rozmowa z partnerem w interesach często decyduje o przyszłości naszego biznesu (...)

Trzeba bardzo uważnie zaplanować pierwsze spotkanie z biznesowym partnerem – mówi dr Maciej Rydel, dyrektor programowy Gdańskiej Fundacji Kształcenia Menedżerów, który prowadzi kursy z savoir-vivre'u. Gdzie się umawiać na pierwsze spotkanie? – W siedzibie firmy, oczywiście. Nawet jeżeli mamy małe biuro. Jeżeli na pierwsze spotkanie umówimy się w restauracji lub np. w domu, to oznacza, że wstydzimy się swojej firmy (...). A z taką osobą niechętnie robi się interesy – wyjaśnia Rydel.

Pierwszy etap to powitanie.
– (...) Jeżeli chcemy uhonorować naszego gościa, to dyrektor firmy jedzie na lotnisko albo na dworzec i przywozi go do siedziby przedsiębiorstwa. Możemy również wysłać samochód z szoferem, ale wtedy powitanie nie będzie tak samo ważne – wyjaśnia Rydel.

Jak powitać gościa?
Reguła jest taka, że prezes wita prezesa, handlowiec – handlowca. Powitanie i pierwsze spotkanie powinno być w gabinecie prezesa lub (...) w specjalnie przygotowanej do tego sali recepcyjnej.
– Małe i średnie firmy często nie mają takiej specjalnej sali. Wtedy może to być sala konferencyjna. Jeżeli firma organizuje wernisaże sztuki lokalnych artystów, w sali mogą wisieć obrazy. (...) Najgorzej, jeżeli sala jest bezosobowa – mówi Rydel. (...)

Kiedy powitać gościa?
Jeżeli chcemy pokazać naszą pozycję biznesową i jeżeli naprawdę jest ona wysoka, możemy pozwolić gościowi czekać ok. 5 minut. (...)

Czy już to umiesz?

Na podstawie: M. Kuźmicz, *Przedstaw się z klasą*, www.gospodarka.gazeta.pl/firma/, 08-02-2005

HURRA!!!

1. Skąd pomysł?

W 1994 roku zaczęła działać w Krakowie nowa szkoła językowa PROLOG. Jest to entuzjastyczny, energiczny i otwarty na nowe pomysły zespół nauczycieli Polaków i obcokrajowców – rodzimych użytkowników nauczanych języków. Skoncentrowaliśmy się na nauczaniu trzech języków: języka angielskiego i niemieckiego oraz języka polskiego jako obcego. Od samego początku nasze metody nauczania determinuje podejście komunikacyjne, które od lat dominuje w nauczaniu języków obcych. Pozwala to naszym studentom na równoległy rozwój wszystkich sprawności językowych oraz stwarza im szansę maksymalnej aktywności językowej na każdym poziomie (nie)znajomości języka.

Programy nauczania języka angielskiego i niemieckiego dla poszczególnych poziomów zaawansowania opracowaliśmy, bazując na standardach nauczania i systemach egzaminacyjnych University of Cambridge Local Examinations Syndicate (obecnie Cambridge ESOL) oraz Instytutu Goethego (obecnie Goethe Institut Internationes).

Wybierając podręczniki, szukamy takich materiałów, które pozwalają nam na przygotowanie ramowych programów nauczania dla poszczególnych grup językowych oraz gwarantują ciągłość materiału na kilkunastu poziomach zaawansowania, na których uczymy. Dlatego zdecydowaliśmy się na serię materiałów renomowanych wydawnictw językowych: Longman, Cambridge University Press, LTP oraz Hueber Verlag.

Na tym tle oferta dydaktyczna do nauczania języka polskiego jako obcego była niezwykle skromna i niekompletna. Dominowały w niej pozycje, które nie wykorzystywały podejścia komunikacyjnego jako sposobu nauczania, co w naszym przekonaniu nie gwarantowało efektywnej nauki mówienia i rozumienia, czytania ze zrozumieniem i pisania w języku polskim. Jednocześnie brak standaryzacji w nauczaniu języka polskiego jako obcego dodatkowo utrudniał jego skuteczne nauczanie.

Korzystając z wieloletnich doświadczeń szkoły w nowoczesnym nauczaniu języków obcych oraz z doświadczeń zebranych przez współpracujących z nami nauczycieli, postanowiliśmy przygotować własne materiały do nauczania języka polskiego jako obcego adresowane do uniwersalnego dorosłego odbiorcy. Taką możliwość dał nam europejski program Socrates / LINGUA 2. Do realizacji w ramach tego programu szkoła PROLOG zgłosiła projekt obejmujący opracowanie koncepcji, napisanie, przetestowanie i wydanie nowoczesnej serii podręczników.

Materiały, które mają Państwo przed sobą, opracowywano przez trzy lata, uwzględniając założenia Europejskiego systemu opisu kształcenia językowego, jak również zgodnie z wytycznymi Państwowej Komisji Poświadczania Znajomości Języka Polskiego jako Obcego. Seria w obecnym kształcie została opracowana z myślą o uczących się do pierwszego certyfikatowego egzaminu na poziomie PL-B1.

2. Akcja Lingua 2 programu Socrates

wspiera projekty, których celem jest opracowywanie materiałów dydaktycznych do nauki języków obcych. Jej celem jest podniesienie standardów w nauczaniu i uczeniu się języków obcych poprzez podnoszenie jakości nauczania oraz tworzenie narzędzi do oceny nabywanych umiejętności językowych.

Zadaniem programu Socrates jest rozszerzanie współpracy europejskiej w dziedzinie edukacji, która obejmuje dzieci, młodzież i dorosłych – od przedszkola po uniwersytet. Celem programu jest kreowanie europejskiego wymiaru w nauczaniu, powiększanie kręgu osobistych doświadczeń o wiedzę na temat innych krajów Wspólnoty, rozwijanie poczucia jedności oraz wspomaganie procesów przystosowywania się do nowych warunków społecznych i ekonomicznych zjednoczonej Europy.

Program edukacyjny Socrates Wspólnota Europejska realizuje w latach 1995-1999 (I faza) oraz 2000-2006 (II faza). Już w roku szkolnym 1996/97 polscy projektodawcy brali w nim udział w ramach działań przygotowawczych. Formalnie Polska przystąpiła do realizacji programu w marcu 1998 roku.

www.socrates.org.pl

3. Autorzy

Autorzy serii to doświadczeni lektorzy języka polskiego współpracujący ze Szkołą Języków Obcych PROLOG i ze Szkołą Języka i Kultury Polskiej Uniwersytetu Jagiellońskiego. Są wykwalifikowanymi nauczycielami, którzy ukończyli studia filologiczne. Ich wieloletnie doświadczenie w pracy dydaktycznej w Polsce i za granicą stanowi istotny atut wykorzystany w pracy nad przygotowaniem podręczników z niniejszej serii.

Agnieszka Burkat

współautorka PO POLSKU 2, PO POLSKU 3 oraz PO POLSKU – Testu Kwalifikacyjnego.

Absolwentka romanistyki na Akademii Pedgogicznej w Krakowie. Od 1996 roku związana ze Szkołą Języka i Kultury Polskiej UJ i Szkołą Języków Obcych PROLOG. Tłumaczka i lektorka języka francuskiego oraz języka polskiego jako obcego. Interesuje się literaturą i malarstwem, wolny czas spędza na wsi. Studiuje psychologię stosowaną. Ma sześcioletniego syna Jędrka.

Agnieszka Jasińska

współautorka PO POLSKU 2, PO POLSKU 3 oraz PO POLSKU – Testu Kwalifikacyjnego.

Absolwentka filologii romańskiej na Akademii Pedagogicznej w Krakowie. Od 1995 roku pracuje jako nauczycielka języka francuskiego, włoskiego oraz lektorka języka polskiego jako obcego. Prowadzi zajęcia grupowe dla dorosłych i młodzieży w prywatnych szkołach językowych w Krakowie; współpracowała ze Szkołą Języka i Kultury Polskiej UJ. Prowadzi grupowe i indywidualne kursy języka polskiego dla firm i instytucji publicznych. Jest tłumaczką języka francuskiego i włoskiego. Interesuje się muzyką, literaturą, filmem.

dr Liliana Madelska

autorka „Polnisch entdecken" oraz współautorka „Discovering Polish" i „Odkrywamy język polski".

Wykładowczyni z dwudziestopięcioletnim doświadczeniem w nauczaniu języka polskiego jako obcego, autorka publikacji naukowych. Pracuje w Instytucie Slawistyki Uniwersytetu Wiedeńskiego. Uprawia sporty wodne i jeździ na nartach.

Małgorzata Małolepsza

współautorka PO POLSKU 1, PO POLSKU 3 oraz PO POLSKU – Testu Kwalifikacyjnego.

Absolwentka filologii polskiej na Uniwersytecie Jagiellońskim (praca magisterska z zakresu psycholingwistyki); od 1994 roku uczy języka polskiego jako obcego. Na Uniwersytecie ukończyła także kurs dla lektorów języka polskiego jako obcego. Prowadziła kursy języka polskiego, grupowe i indywidualne kursy specjalistyczne na wszystkich poziomach zaawansowania m.in. w Szkole Języka i Kultury Polskiej UJ, Szkole Języków Obcych PROLOG w Krakowie, GFPS Polska. Od października 2004 roku jest lektorką języka polskiego na Uniwersytecie Georga-Augusta w Getyndze. Interesuje się nowoczesnymi metodami nauczania języków obcych takimi jak NLP i metoda tandemowa. Jej pasje to języki obce, psychologia, muzyka, taniec, pływanie, film.

dr Waldemar Martyniuk

autor opracowania testu przykładowego na poziomie PL-B1, ekspert wewnętrzny projektu.

Językoznawca, adiunkt na Uniwersytecie Jagiellońskim w Krakowie i wykładowca języka polskiego jako obcego oraz autor podręczników, programów nauczania i testów z języka polskiego jako obcego. Sekretarz Państwowej Komisji Poświadczania Znajomości Języka Polskiego jako Obcego (2003–2004); visiting professor i wykładowca języka i kultury polskiej na uniwersytetach w Niemczech, Szwajcarii i w USA; dyrektor Szkoły Języka i Kultury Polskiej UJ (2001–2004). Obecnie (2005–2006) oddelegowany do pracy w Wydziale Polityki Językowej Rady Europy w Strasburgu jako koordynator projektów językowych.

dr Geoffrey Schwartz

współautor „Discovering Polish".

Uzyskał tytuł doktora slawistyki w 2000 roku na Uniwersytecie Waszyngtońskim. Ma ponad dziesięcioletnie doświadczenie w nauczaniu języków obcych – uczył języka polskiego, rosyjskiego, serbsko-chorwackiego i angielskiego jako obcego. Od 2002 roku prowadzi zajęcia z języka angielskiego jako visiting professor w Instytucie Filologii Angielskiej Uniwersytetu Adama Mickiewicza w Poznaniu, gdzie wykłada fonetykę i fonologię. W swoich badaniach naukowych koncentruje się na zastosowaniu fonetyki akustycznej w nauczaniu języków.

Aneta Szymkiewicz

współautorka PO POLSKU 1, PO POLSKU 3 oraz PO POLSKU - Testu Kwalifikacyjnego.

Od 1998 roku jest lektorką języka polskiego jako obcego i prowadzi zajęcia grupowe i indywidualne na wszystkich poziomach zaawansowania w prywatnych szkołach językowych w Krakowie oraz w Szkole Języka i Kultury Polskiej UJ (w tym także kursy specjalistyczne: ekonomiczne i literaturoznawcze). Absolwentka filologii polskiej na Uniwersytecie Jagiellońskim (1997), Studium Dziennikarskiego Akademii Pedagogicznej w Krakowie (1997) oraz Szkoły Przedsiębiorczości i Zarządzania przy Akademii Ekonomicznej w Krakowie (2003). Współpracowała jako dziennikarka z „Przekrojem", „Dziennikiem Polskim" i „Gazetą Wyborczą" („Gazetą w Krakowie"). Zna język angielski, rosyjski i niemiecki. Jej zainteresowania to literatura, muzyka, języki obce, fotografia, taniec i jazda na rolkach.

dr Małgorzata Warchoł-Schlottmann

współautorka „Odkrywamy język polski".

Absolwentka filologii polskiej i filologii romańskiej Uniwersytetu Jagiellońskiego w Krakowie oraz filologii germańskiej na Uniwersytecie w Heidelbergu. Pracuje w Instytucie Slawistyki Uniwersytetu w Wiedniu. Języka polskiego uczyła na uniwersytetach niemieckich w Heidelbergu, Mannheim, Getyndze, Monachium, Regensburgu oraz na Uniwersytecie Stanowym, Columbus Ohio w USA. Interesuje się odmianami funkcjonalnymi i socjolektami współczesnej polszczyzny i zjawiskami dwujęzyczności.

4. Pomysłodawca i kordynator

PROLOG SZKOŁA JĘZYKÓW OBCYCH, Kraków, Polska

Szkoła językowa działająca w Krakowie od 1994 roku, uznana placówka edukacyjna oferująca kursy języka polskiego jako obcego oraz języka angielskiego i niemieckiego. Opracowuje także nowoczesne pomoce do nauki języków obcych.

Agata Stępnik-Siara

koordynator projektu i redaktor prowadzący serii. Jest dyrektorem programowym Szkoły Języków Obcych PROLOG, lektorem języka niemieckiego i polskiego jako obcego. Zajmuje się nowoczesnymi metodami uczenia języków obcych. Lubi poznawać inne kultury i języki. Interesuje się medycyną naturalną.

5. Partnerzy

UNIWERSYTET WIEDEŃSKI, Instytut Slawistyki, Wiedeń, Austria

W projekcie HURRA!!! recenzent materiałów na różnych etapach ich powstawania, ośrodek testujący i oceniający.

THE BRASSHOUSE LANGUAGE CENTRE, Birmingham, Wielka Brytania

Renomowana szkoła językowa, która prowadzi kursy 25 języków obcych na różnych poziomach zaawansowania.

W projekcie HURRA!!! recenzent materiałów na różnych etapach ich powstawania, ośrodek testujący i oceniający.

SZKOŁA JĘZYKA I KULTURY POLSKIEJ UJ, Kraków, Polska

Znana w świecie instytucja naukowa mająca wieloletnie doświadczenie w nauczaniu języka polskiego jako obcego studentów z całego świata.

W projekcie HURRA!!! ośrodek testujący.

Podziękowania

Szczególne podziękowania pragniemy złożyć na ręce *Pani Profesor Anny Dąbrowskiej* z Uniwersytetu Wrocławskiego. Była silnym wsparciem dla twórców i realizatorów projektu. Jej cenne uwagi oraz sugestie inspirowały nasz zespół, pomagając nam wytrwać do końca w naszych zamiarach i pracować coraz lepiej.

Bardzo serdecznie dziękujemy również *Annie Zinserling* oraz nauczycielom z Kolegium Języka i Kultury Polskiej w Berlinie, którzy testowali pilotażową wersję materiałów.

Dziękujemy gorąco *Pawłowi Poszytkowi*, Koordynatorowi Krajowemu w Agencji Narodowej programu SOCRATES-LINGUA, za instytucjonalne wsparcie oraz wiarę w nasze kompetencje.

Dziękujemy naszym przyjaciołom, *Joasi Czudec* oraz *Magdzie i Robertowi Syposzom*. Dzięki ich wiedzy i doświadczeniu pomysły grupy entuzjastów nabrały realnych kształtów.

Agata i Mariusz Siara

13 powodów, dla których warto wybrać HURRA!!!

HURRA!!! to nowoczesna SERIA do nauczania języka polskiego jako obcego:

1. napisana w duchu podejścia komunikacyjnego, które umożliwia efektywne porozumiewanie się już na początkowych etapach nauki;

2. pozwalająca na poznawanie języka polskiego poprzez samodzielne odkrywanie i formułowanie reguł gramatycznych oraz stosowanie ich w ćwiczeniach komunikacyjnych;

3. przedstawiająca trudne zagadnienia gramatyczne w sposób przyjazny dla uczącego się i atrakcyjny graficznie;

4. proponująca systematyczne rozwijanie kompetencji językowych w słuchaniu, czytaniu, mówieniu, pisaniu;

5. o przejrzystej strukturze – oznaczone różnymi kolorami poszczególne rozdziały, sekcje słownictwa i gramatyki ułatwiają poszukiwanie konkretnych zagadnień bądź ćwiczeń.

Seria Hurra!!! zawiera:

6. w każdej lekcji bogaty materiał ilustrujący współczesną Polskę i pokazujący realia życia codziennego;

7. aktualne tematy prezentowane w autentycznych sytuacjach z życia codziennego, które wprowadzają informacje kulturo- i realioznawcze oraz odpowiadają praktycznym potrzebom komunikacyjnym uczących się;

8. liczne propozycje ćwiczeń, gier i zabaw, które wspomagają uczenie się języka obcego i powodują, że proces nauki i nauczania staje się efektywniejszy, łatwiejszy i przyjemniejszy;

9. gotowe testy osiągnięć i ćwiczenia kontrolne oraz powtórzeniowe, które umożliwiają stałą kontrolę postępów w nauce;

10. zestaw egzaminacyjny, czyli propozycję testów wzorowanych na państwowych egzaminach certyfikatowych na poziomie PL-B1;

11. osobne Zeszyty ćwiczeń wraz z kluczem i Audio CD oraz transkrypcje tekstów do ćwiczenia rozumienia ze słuchu, które pozwalają na dodatkową samodzielną pracę i umożliwiają samokontrolę;

12. podręczniki nauczyciela z praktycznymi wskazówkami zarówno dla początkujących, jak i doświadczonych nauczycieli, z gotowymi materiałami do kopiowania, sugestiami jak modyfikować i urozmaicać lekcję dodatkowymi ćwiczeniami;

13. gramatykę języka polskiego w trzech wersjach językowych, napisaną w sposób zrozumiały dla użytkownika i przyjazną w użyciu (systematyczny opis języka • żartobliwe objaśnienia rysunkowe • wiele dowcipnych przykładów zdań • przejrzysty dwukolorowy skład • tabelaryczne zestawienia zagadnień gramatycznych • ikony informujące o systemie języka • praktyczny w użyciu format).

HURRA!!! to SERIA pomyślana i zaprojektowana tak, by pomóc uczącemu się w skutecznym opanowaniu poznawanego materiału, a nauczycielowi w pracy dydaktycznej.